シリーズ「遺跡を学ぶ」

049

ヤマトの王墓

桜井茶臼山古墳・メスリ山古墳

千賀　久

新泉社

ヤマトの王墓
—桜井茶臼山古墳・メスリ山古墳—

千賀　久

【目次】

第1章　二つの王墓

1　日本最大の埴輪

風呂のような埴輪

奈良県立橿原考古学研究所附属博物館には、日本最大の埴輪《はにわ》が並んでいる。それは、桜井市メスリ山古墳で出土した、高さ二メートル四二センチの巨大な円筒埴輪である（図1）。この埴輪が現在のような形に復元されたのは、今から三〇年ほど前のことだ。

わたしが博物館に勤務しはじめた一九七四年の頃には、まだこの埴輪は井戸枠のように下から一メートルほどしかなく、「風呂みたいな埴輪」と発掘された伊達宗泰《だてむねやす》さん（当時の博物館次長）が、よく言っておられた。

それからしばらくして、奈良教育大学生の赤塚次郎《あかつかじろう》さんが博物館に通ってくるようになり、展示室の裏の空間を仕切って、埴輪の破片を広げはじめた。そして、その整理作業が進むにつ

図１●メスリ山古墳の大型特殊円筒埴輪（口径１m 31 cm、直径 90 cm、高さ２m 42 cm）
右は、普通の大きさの円筒埴輪（直径 56 cm、高さ１m 19 cm）。

れて、高さが二メートルを超える大きなものになるとわかったときの、伊達さんの表情は印象的なものだった。その成果をもとに、吉沢栄敏《よしざわひでとし》さん（奈良女子大学附属中・高校教諭）が欠けたところを石膏で足しながら、現在の姿に復元されたのである（図2）。

巨大な円筒埴輪

最初にできあがった一本目が、この最大の埴輪だった。それを目にしたときには驚きとともに、一方で信じられないという気持ちがあったのをよく覚えている。

その間の事情については、「その巨大さから整理、復原する場所もなく、また、調査後の長い年月と、再々の移動によって、破片の細片化、混乱がおこり整理困難の状態にあったが、赤塚次郎君の努力によって円筒埴輪の復原が完成し、残部の破片もようやくその原形を知る段階となった。この復原には、高橋誠一氏を始め辻俊和氏などの手をわずらわせたが最終的には赤塚君の破片復原と吉沢栄敏氏の石膏復原によって完成をみた」と、伊達さんが調査報告書『メスリ山古墳』に記している。

この古墳の調査が始まった一九五九年の頃、伊達さんは奈良学芸大学附属中学校の先生で、冬休みと春休みを利用して発掘現場に立っておられた。そして、六五年には大和歴史館の職員になられたが、橿原考古学研究所に発掘調査のための常勤職員が採用されたのは七〇年のことなので、それまではこのように非常勤の所員が中心になって、いわゆる手弁当で、県内の古墳や遺跡を調査されていたのである。

図２ ● **復元された大型円筒埴輪（上）と三種類の大きさの大型円筒埴輪（下）**
上の写真の人物（赤塚次郎氏）とくらべても、その大きさがよくわかる。

2　戦後まもなくの大型古墳の調査

櫛山古墳と宮山古墳

奈良県では、このメスリ山古墳の調査以前にも、大型古墳が発掘調査されている。それは、一九四八年の天理市櫛山《くしやま》古墳、一九四九・五〇年の桜井市茶臼山《ちゃうすやま》古墳、そして一九五〇年の御《ご》所《せ》市室宮山《むろみややま》古墳（図3）の調査である。いずれも、戦中・戦後の開墾などによって、埋葬施設の一部が掘り出されたことが発端となった調査だが、ともに、その後の古墳研究の基礎資料となる重要な成果が得られた。

たとえば、柳本《やなぎもと》古墳群中の双方中円墳の櫛山古墳（墳丘長一五〇メートル、前期後半〈四世紀後半〉）では、後方部に白礫《はくれき》を敷き詰めた祭祀遺構が検出され、意図的にこわされた腕輪形石製品や土師器《はじき》高杯がたくさん出土した。

中期初頭（五世紀初頭）の宮山古墳（二四六メートル）では、長持形石棺をおさめた竪穴式石室と、その上に並べられた形象埴輪群のようすが明らかにされた。

大王の墓

そして、桜井茶臼山古墳（図4）は、同じ地域のメスリ山古墳とともに、墳丘長が二〇〇メートルを超える前期前半の大型前方後円墳である。その規模の大きさから、北にひろがる纒《まき》向《むく》・大和《おおやまと》・柳本の各古墳群の大型古墳とともに、初期ヤマト王権の大王墓の候補にあげられるが、ほかの古墳がいずれも陵墓として管理されているのにくらべると、茶臼山古墳とメスリ山古墳は発掘調査されていて、その内容がわかる点でも貴重な資料となっている。

図 3 ● **宮山古墳の竪穴式石室と長持形石棺**

図 4 ● **桜井茶臼山古墳**（南より、1984 年撮影）
南東部の施設は、現在は撤去された。

3　盆地東南部に集中する前期の大型古墳

ここでとりあげる桜井茶臼山古墳とメスリ山古墳は、奈良盆地の東南部に位置し、前期の大型古墳の集中する地域に含まれている（図5）。

それらは、箸墓《はしはか》古墳（墳丘長二七六メートル）をはじめとする纒向《まきむく》古墳群、西殿塚《にしとのづか》古墳（二三四メートル、現・衾田陵《ふすまだりょう》）を含む大和《おおやまと》古墳群、行燈山《あんどんやま》古墳（二四二メートル、現・崇神《すじん》陵）と渋谷向山《しぶたにむかいやま》古墳（三〇〇メートル、現・景行《けいこう》陵）を中心とする柳本古墳群、そして南に離れた桜井南部に位置するのが、桜井茶臼山古墳とメスリ山古墳である。

これら六基の年代的な位置づけについて、くわしくはあとでふれるが、かならずしも見解が一致しているわけではない。その主なものを整理するとつぎのようになる。

①箸墓古墳—西殿塚古墳—桜井茶臼山古墳—メスリ山古墳—行燈山古墳—渋谷向山古墳
②箸墓古墳—西殿塚古墳—行燈山古墳—渋谷向山古墳
③箸墓古墳—西殿塚古墳—行燈山古墳
　　　　桜井茶臼山古墳—メスリ山古墳—渋谷向山古墳

墳丘規模はいずれも初期ヤマト王権の大王墓にふさわしいもので、その系譜が一系列なのか二系列に分かれるかは、当時の王権の構造にかかわってくるが、ここではとくに、茶臼山古墳とメスリ山古墳の性格づけが、解釈の分かれ目になっていることに注目できる。

この問題を考えるためにも、これら二基の古墳の内容をくわしくみる必要があるだろう。

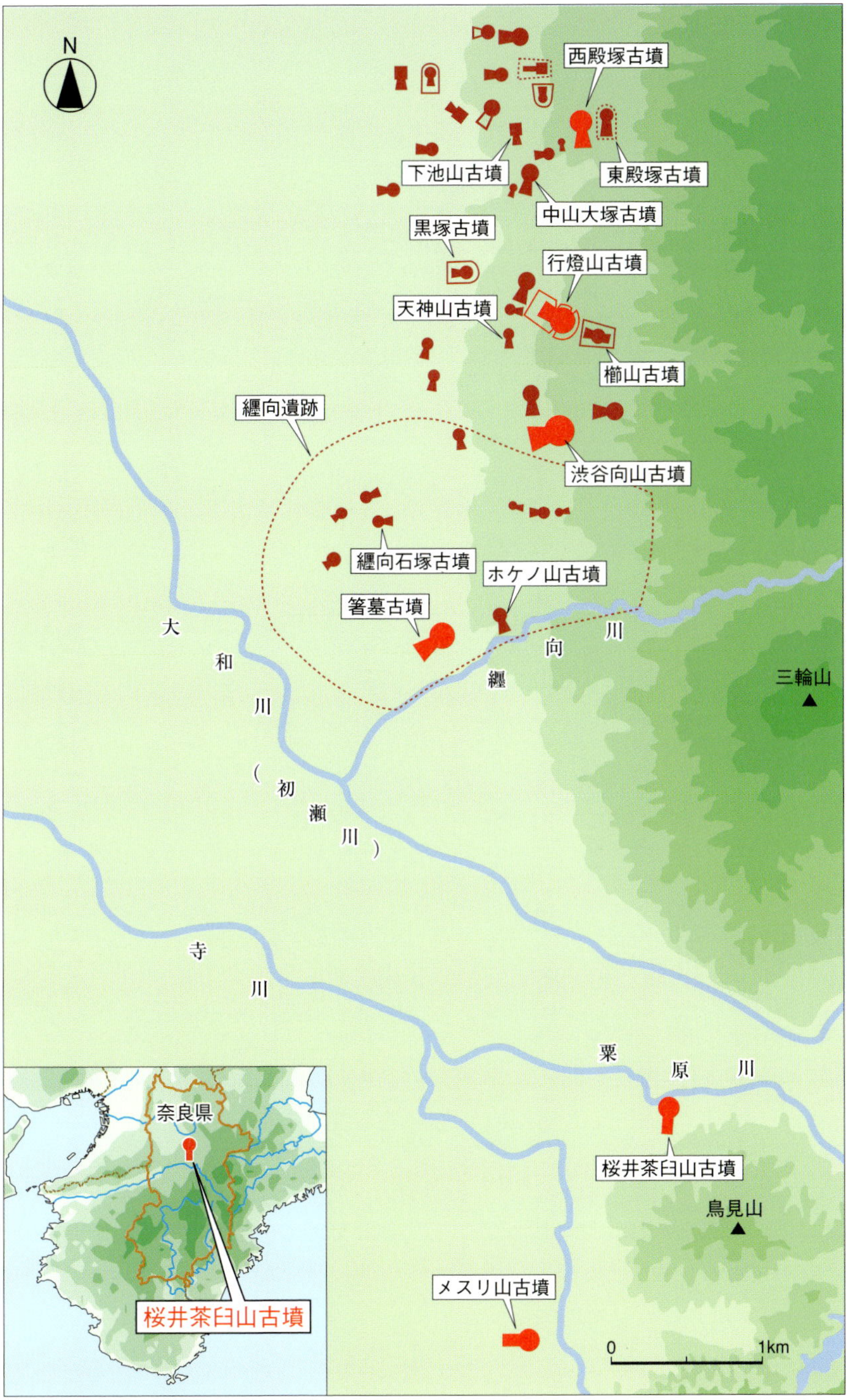

図 5 ● 奈良盆地東南部の古墳群

第2章　王墓、桜井茶臼山古墳

1　丘陵を切断してつくられた古墳

墳形は柄鏡形

近鉄桜井駅から東へ約一キロ歩いたところにある茶臼山古墳は、鳥見山《とみやま》から北へのびる一つの尾根を利用して築かれた前方後円墳である。古墳は南の山側に前方部を向けているが、現在では国道一六六号線によって尾根との間が切断され、周辺の開発が進んでいる。

一九五四年に末永雅雄先生が撮影された航空写真（図6）を見ると、丘陵端部を切断して墳丘を築いたことがよくわかり、いわゆる丘尾切断による築造法の典型例にあげられている。また、墳丘に段築があることと、周囲に逆台形の平坦部がとり巻いているようすも見てとれる。

墳丘の規模は、二〇〇三年の測量調査によって、全長二〇〇メートル、後円部径一一〇メートル、前方部幅六〇メートルであることが確認され、後円部にくらべて前方部の広がらない柄《え》

図６ ● **丘陵を切断してつくられた桜井茶臼山古墳**（北西より、1954 年撮影）
墳丘の本来の姿と、周囲に平坦部がめぐることがよくわかる。

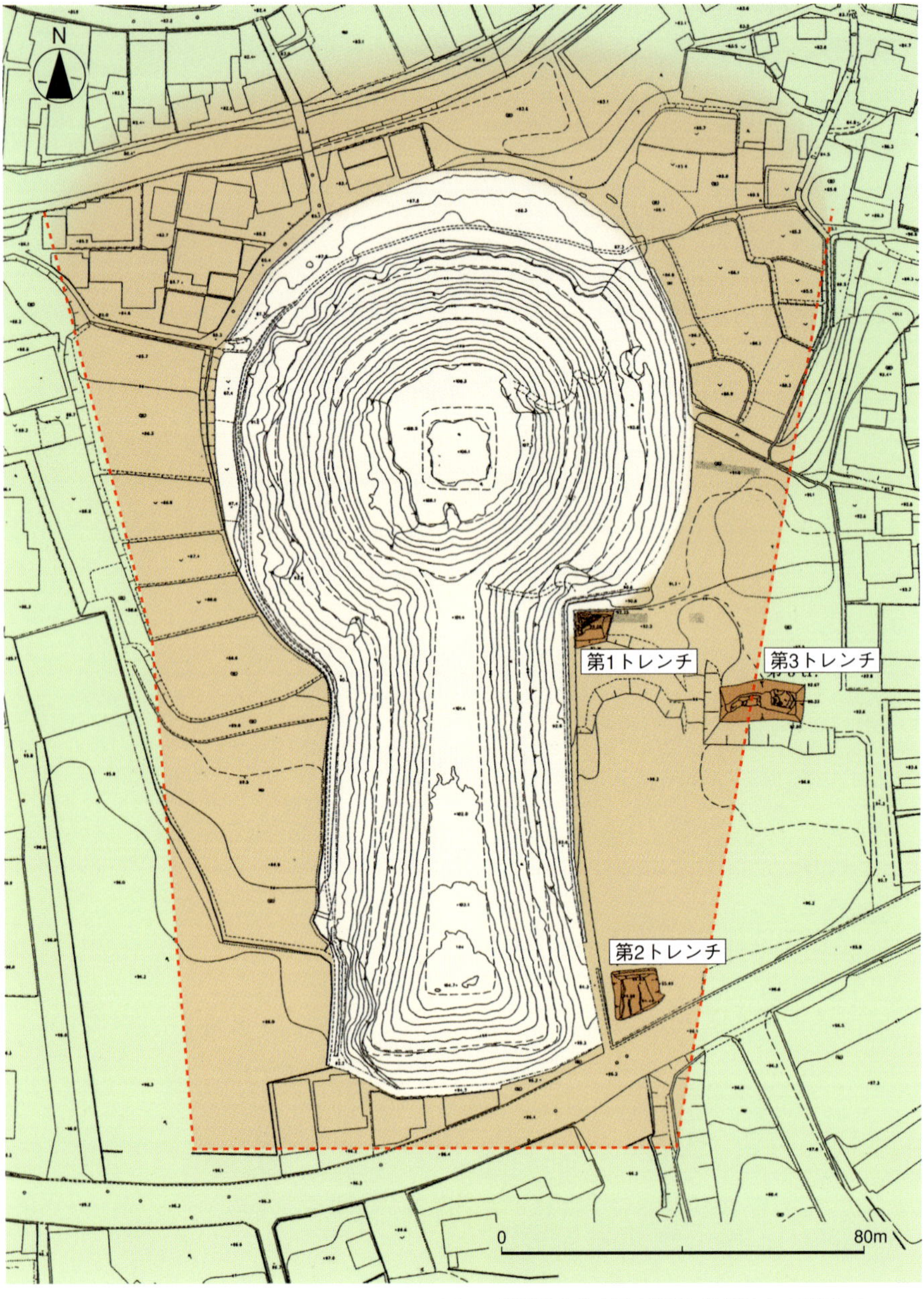

図7 ●桜井茶臼山古墳の墳丘（2003年の測量図）
三カ所のトレンチは、2003年の調査の位置。

鏡《かがみ》形の墳形である（図7）。この柄鏡というのは、日本では江戸時代におもに使われた細い柄のついた鏡のことで、前方部の先端が開いた鍵穴形になるのが主流の前方後円墳のなかでは特徴的な形であり、その代表例にこの茶臼山古墳があげられる。

墳丘は、後円部三段、前方部二段に築造されていて、前方部の頂部は後円部の二段目の平坦面につづき、その上に後円部の三段目がのる。墳丘各段の斜面には、葺石《ふきいし》が葺かれているが、埴輪は使われていない。

墳丘の周囲をとり巻く平坦面は、周濠状遺構とよんでいるが、五〇年代のかつての姿は、西側の農地の区画にとどめるのみとなってしまった。

墳丘の調査は、史跡指定の範囲確定のため、一九七二年に後円部の東側と東くびれ部の南東部でトレンチ調査がおこなわれ、

図８ ●東くびれ部の葺石（図７の第１トレンチ）
葺石は付近の川から運ばれたもので、大きさは 50 ㎝ 前後。

翌年に墳丘と裾部が国史跡に指定された。しかし、前方部東側の開発によって古墳の景観は大きく変化してしまった（図4参照）。二〇〇三年には、その造成地を指定範囲に加えるため、東くびれ部と前方部東側をトレンチ調査し、後円部の葺石が良好な状況でのこっていることがわかった。

墳丘の斜面に葺かれた葺石は、現地でも確認できるが、東くびれ部の調査で後円部側の葺石の基底部が検出された（図8）。最下段では、大きいもので長さ五〇センチの石が使われ、三段積み重ねたあと、約四五～五五度の傾斜で葺石が葺かれている。

後円部の方形壇と二重口縁壺列

後円部の頂上に登ると、平坦部の中

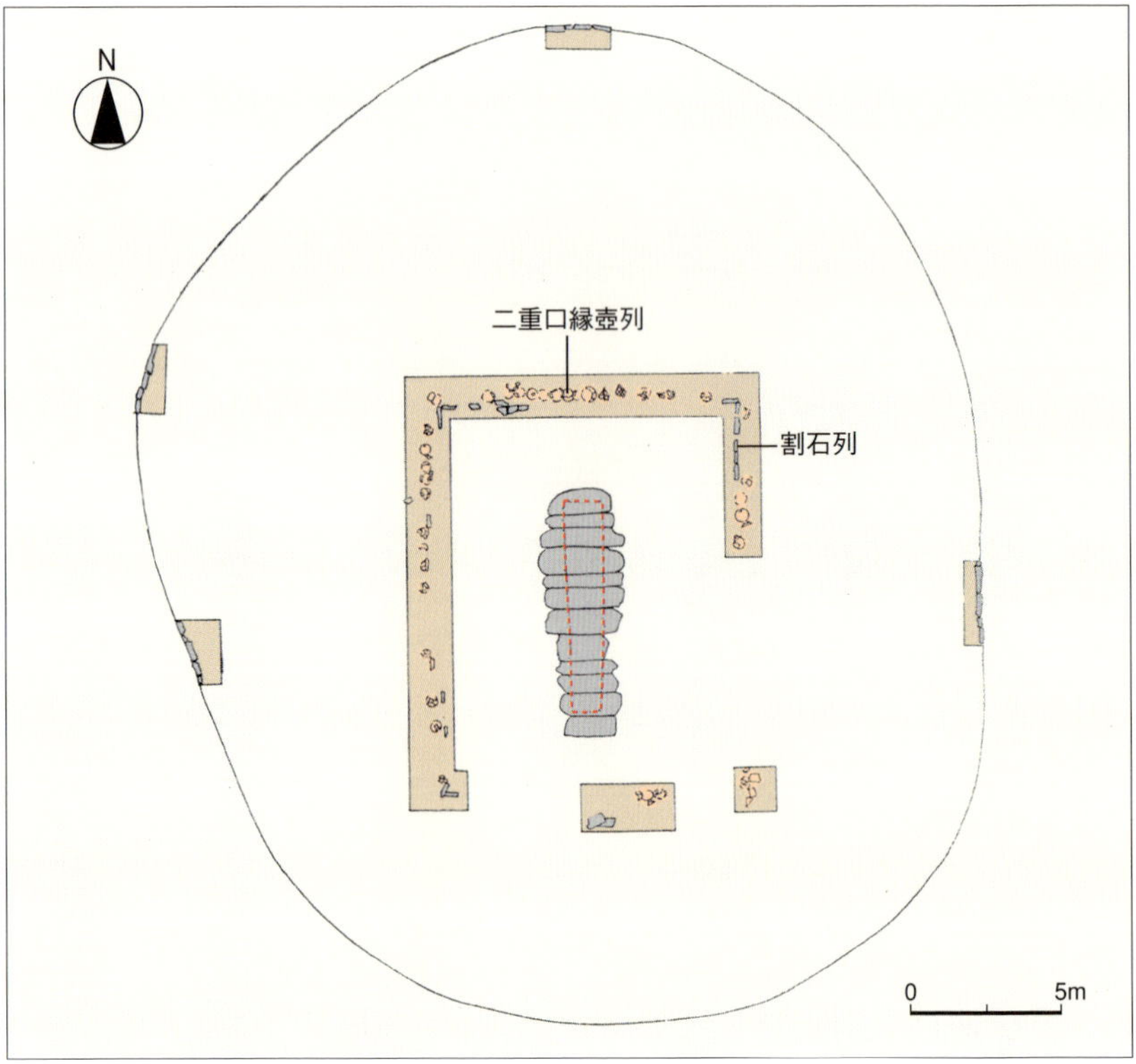

図9 ● 後円部頂上の二重口縁壺列と列石
内側から順に、竪穴式石室の天井石、方形壇の板石と二重口縁壺列、平坦面周囲の列石。

央が方形に一段高くなり、その真ん中の石室上にあたるところがくぼんでいるのがわかる。一九四九・五〇年の調査で、その方形壇の周囲に二重口縁壺列がめぐることがわかった（図9）。北辺で東西一〇・六メートル、西辺で南北約一三メートルの長方形になり、壺は北辺で二四〜二五個、西辺で二九〜三〇個が並べられていた。

この二重口縁壺列のすぐ内側に割石列があり、北辺で東西九・七五メートル、西辺で南北一二・三メートルの長方形に囲っていた。壺とともに出土した扁平な板石は、もとは傾斜面にあったものが土砂の流出とともに移動したと考えられ、二重口縁壺列の内側に板石を斜面にはった盛り土による方形壇があったと、報告書で想定された。

つまり、埋葬施設の上に盛り土による方形壇があり、それをとり囲んで壺の列が並んでいたと復元できる（図10）。

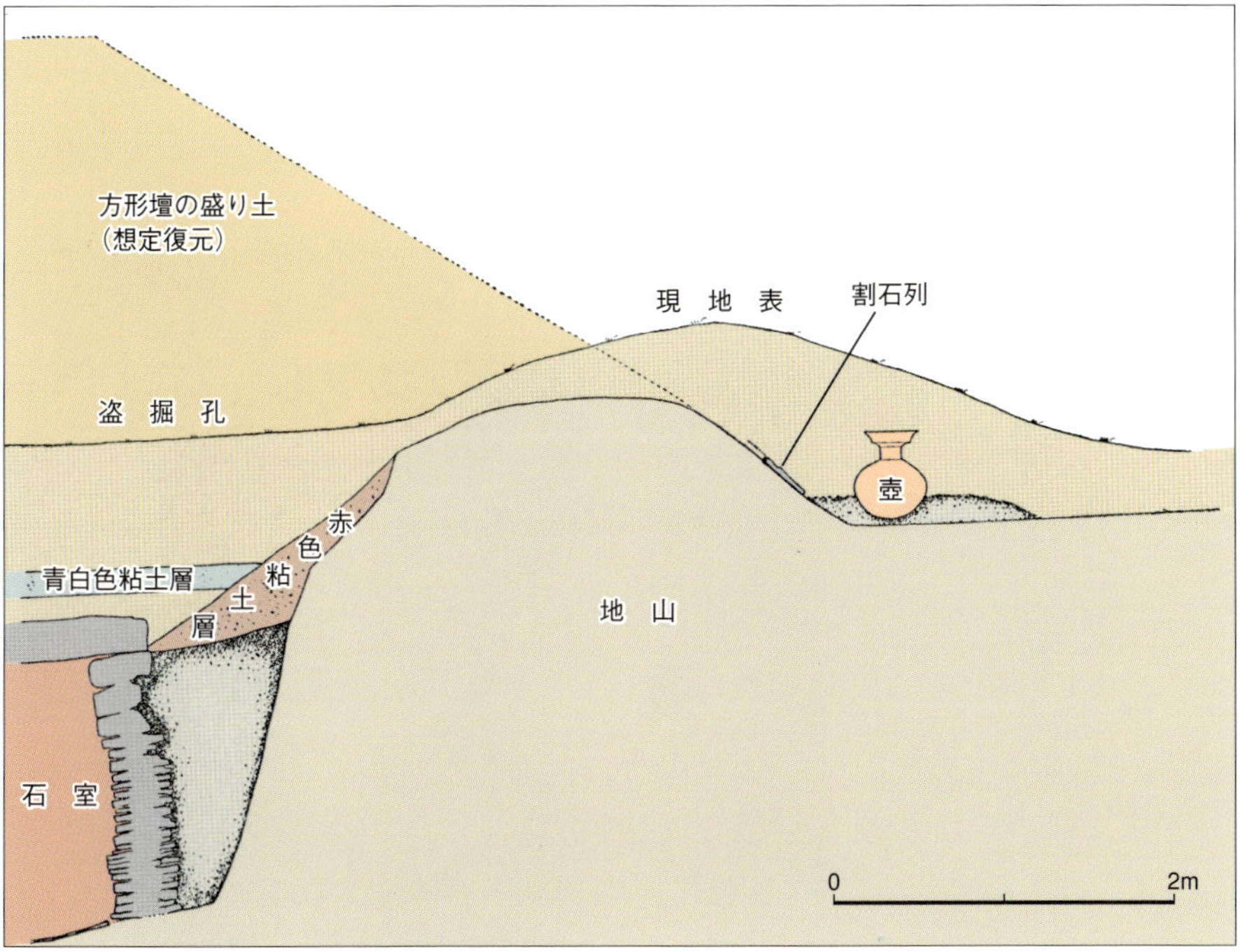

図10 ● 石室上部の二重口縁壺列と方形壇

並んでいた壺は、高さ四五センチほどの大きなもので、口縁部の途中に段があり二重口縁壺とよばれる（図11）。球形にちかい胴部の底は、いずれも焼成前に円形の孔が開けられている。これは最初から古墳に並べるためにつくられたものなので、土器というよりは埴輪として分類できる。なお、貯蔵用の壺を墓に並べるのは、壺をのせる器台から円筒埴輪が成立したのと同様に、飲食物の供献儀礼、すなわち弥生以来の農耕儀礼に由来することである。

〔追記〕二〇〇九年の再調査で、二重口縁壺は、もとは石室上の方形壇の上面に並べられていて、方形壇の裾に径三〇センチほどの丸太を垣根のようにめぐらせた「丸太垣」があったことが確認された。これは、メスリ山古墳の円筒埴輪の方形区画に受け継がれる。

図11 ● 二重口縁壺（上）**とその底部**（下）
右の壺の口縁部は復元されたもの。

2　赤く塗られた石室

盗掘された古墳

この古墳の調査契機については、報告書『桜井茶臼山古墳』の冒頭に上田宏範《うえだひろのり》氏が、「昭和二四（一九四九）年八月一二日、当時奈良県重要美術品等調査員であった上田は、森浩一氏とともに伊賀方面の古墳踏査の帰途、桜井附近の古墳をも見ることにし、一日をこの方面にさいた。森氏の案内によって、この茶臼山古墳も踏査したのであるが、その際ごく最近行われたらしい盗掘のあとを発見したので、早速その旨委員末永雅雄博士に現状報告を呈出しておいた」と記している。

それからまもなく、同年一〇月に一三日間の上田氏による第一次調査、そして翌年八月に一〇日間、中村春寿《なかむらはるひさ》氏（奈良県史跡名勝天然記念物調査会助手）による第二次調査がおこなわれ、墳頂部のトレンチで、墓壙《ぼこう》と二重口縁壺の並んだ方形区画が確認され、さらに竪穴式石室《たてあなしきせきしつ》の内部が調査されている。

竪穴式石室と木棺

後円部の方形壇の中央に、墳丘の主軸と同じ南北方向の竪穴式石室がある（図12・13）。その長さ六・七五メートル、幅は北小口で約一・二八メートルあり、約一メートルの南小口より広くなっている。石室内は平均一・六メートルの高さで、大人が石室内に立つと背をかがめなければならない高さであり、写真から受ける大きな石室という印象とは少し異なる。

石室の両小口と左右の側壁は、板石を小口積みに垂直に積んでいて、壁を構成する面だけではなく、石材の全面に朱が塗られている。それは天井石も同様であり、石室内からは見えない上面にも朱が塗られていた。

床面には板石が敷かれているが、木棺を据えるための粘土床《ねんどしょう》などの施設は見られない。敷石上に直接置かれた木棺は、現存長五・一九メートル、底板の厚さ二二センチあり、南小口部の写真では、その重量によって床面が少し陥没したように見える。つまり、敷石でおおわれているが、基礎工事は不十分であったのだろう。

木棺の材質は「トガの巨木」と報告されたが、近畿の木棺に一般的なコウヤマキではないかとの見解がある。

〔追記〕再調査で、木棺はコウヤマキの割竹形木棺であり、石室床の敷石の上に棺を安置するための棺床土

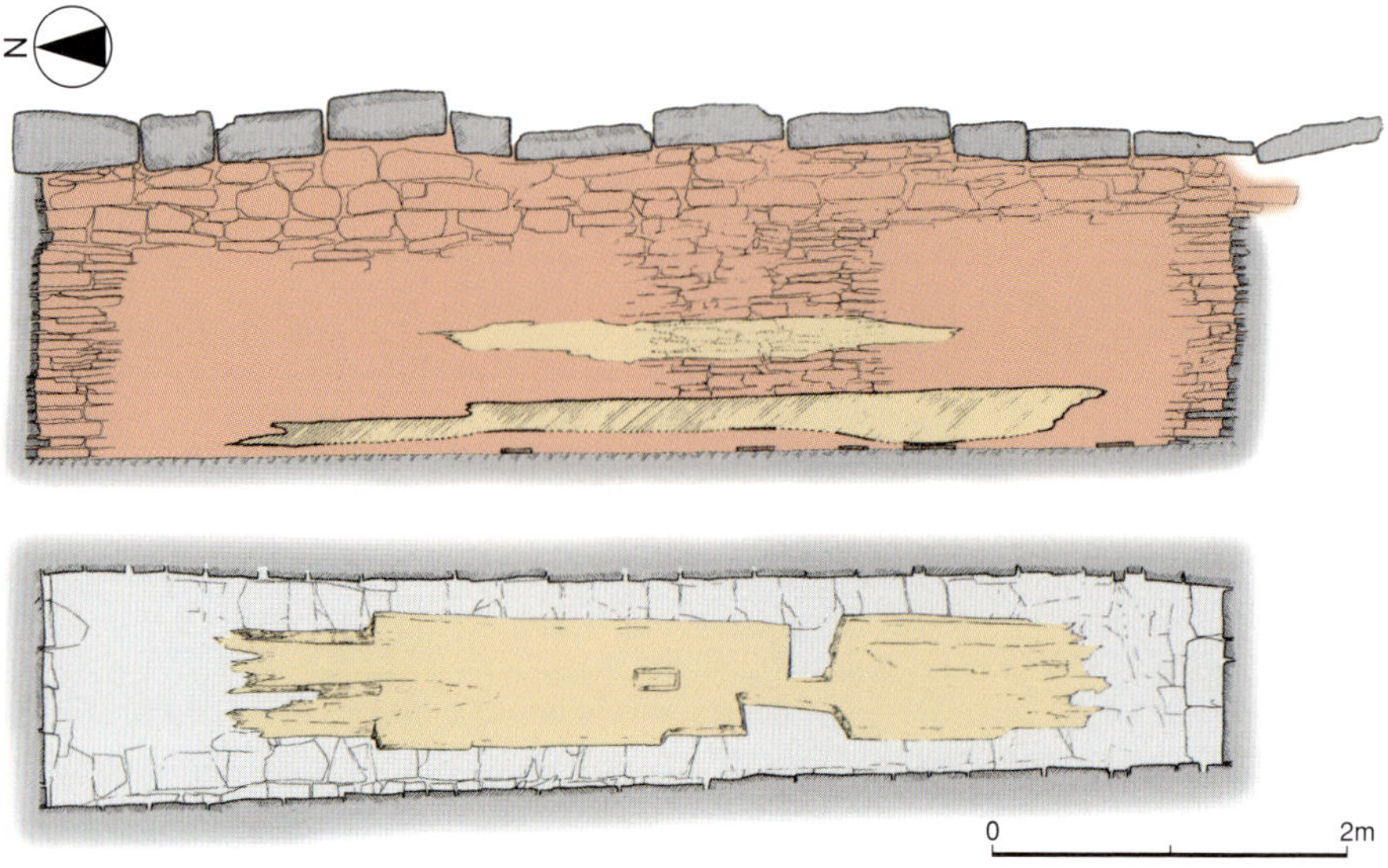

図 12 ● 石室のなか
石室の北側の幅が広く造られていて、頭を北にして葬られた可能性がつよい。

図 13 ● **竪穴式石室**（南より）
2009 年の再調査によって、石室内には割竹形木棺が姿をとどめていて、石室の四壁と天井石の内外面・床面ともに、水銀朱で真っ赤に塗られていることが確認された。

を敷いて、木棺が置かれていることが確認された。

3　大王墓にふさわしい副葬品

内容の豊富な副葬品

石室内は、北と南の小口部から盗掘されていた。そのため、副葬品はいずれも断片になり、原位置を保った遺物はなかったが、その種類と内容の豊富さは古墳の規模にふさわしいものである。

その内わけは、石製品と鏡、そして武器などの鉄製品に分類できる。

なかでも、もっとも注目されたのは玉杖《ぎょくじょう》をはじめとする碧玉《へきぎょく》製品であり、おもに北小口側から出土した。威儀具としての玉杖と中国の文物とのかかわりが想定された玉葉《ぎょくよう》は、ともに出土後に名づけられた。このほかに、弓矢関係の武器形石製品、腕輪形石製品、用途が特定できない石製品、玉類がある。

武器は、鉄刀剣・鉄鏃《てつぞく》・銅鏃《どうぞく》がある（図14）。銅鏃は、柳葉式《やないばしき》の同じものが二本ある。そして鉄鏃は、両側の小口部に散乱した状況で出土し、破片の数が一一七点で、七五本以上あったと復元できる。その形はすべて柳葉式で、鏃身の長さ四センチの小型品七本、そのほかは鏃身の長さ五・七〜六・八センチまでの大型品で構成される。一形式に統一されたその数の多さは、前期古墳に埋納された武器の豊富さを強く印象づけるものだ。

このほかに、断面が方形で中実の鉄棒の端が鐓《とん》（石突《いしづき》）の形に似ていることから、鉄杖と名づけられた棒状品と若干の鉄製工具がある（図14）。

そして、北小口部の土砂に多数含まれていた鏡片は、つぎにふれるように少なくとも一七面分が確認できる。

鏡の副葬位置

石室内で鏡が置かれた位置を考えるのに、いずれも破片になっていたことと、その多くが北小口に堆積した土砂に含まれていたことが、手がかりになる。

なかには小さな破片もあり、それらは石室内に侵入した盗掘者が意図的に破砕したのでなければ、暗い石室内で踏みつぶされたのだろう。その場所は、棺外の北小口部と棺内が想定できる。天理市黒塚《くろづか》古墳のよ

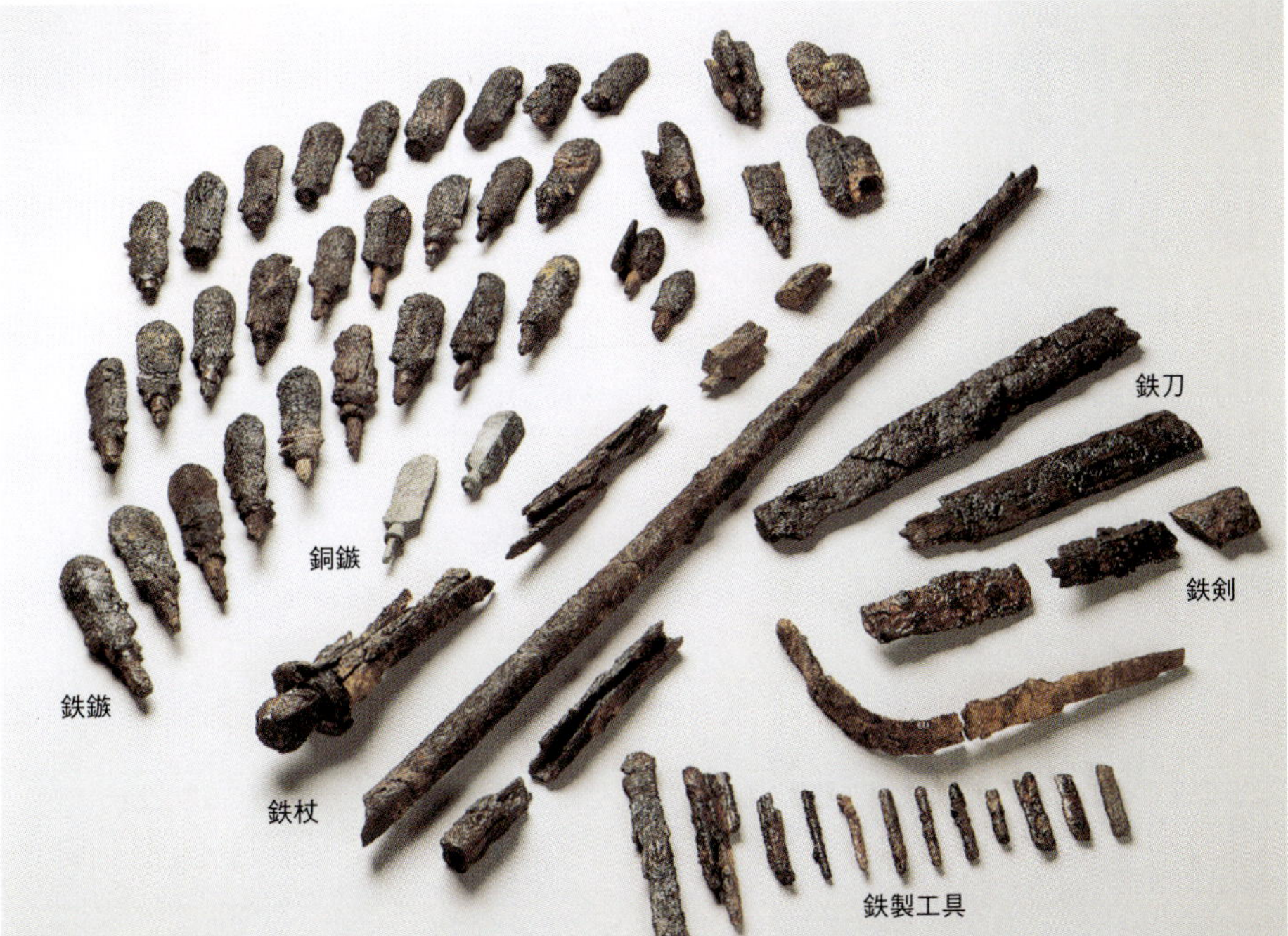

図14 ● 各種の鉄製品と銅鏃

うに鏡の大半を棺外に立て並べていたのであれば、歩きにくい側壁沿いのそれらをわざわざ踏みつぶしたとは考えにくい。つまり、石室幅の広い北側に頭部を向けて埋葬されたとして、鏡はおもにその周辺の棺内と棺外小口部に置かれていた可能性が強くなる。

　そうすると、多数の鏡が副葬された前期古墳のなかでは、おもに木棺内に並べられていた天理市天神山《てんじんやま》古墳の鏡の副葬状況（図48参照）に近いことがわかる。

副葬された鏡

　出土鏡（図15）の内わけは、三角縁神獣鏡《さんかくぶちしんじゅうきょう》七ないし八面と、画文帯《がもんたい》神獣鏡の同向式《どうこうしき》神獣鏡・環状乳《かんじょうにゅう》神獣鏡・求心式《きゅうしんしき》神獣鏡を含む三ないし四面、内行花文《ないこうかもん》鏡三面、そして方格規矩《ほうかくきく》四神《ししん》鏡・獣帯《じゅうたい》鏡・斜縁《しゃえん》神獣鏡・単夔《たんき》鏡各一面が確認できる。

　三角縁神獣鏡では、「陳氏作」で始まる銘文の一部がのこる六神三獣鏡は県内の佐味田宝塚《さみたたからづか》古墳に、画文帯六神三獣鏡は岐阜県東天神《ひがしてんじん》一八号墳に、「天王日月」銘の獣文帯四神四獣鏡は京都府椿井大塚山《つばいおおつかやま》古墳と愛媛県嶺昌寺《れいしょうじ》古墳に、「天王日月」銘の鋸歯文《きょしもん》帯四神四獣鏡は椿井大塚山古墳と京都府南原《みなみはら》古墳、大分県赤塚《あかつか》古墳に、また「天王日月」銘の獣文帯五神四獣鏡は群馬県前橋天神山古墳に、それぞれ同型鏡が知られている。なお、これらの破片と画文帯神獣鏡の破片を並べて見ると、画文帯神獣鏡ほどの文様の精緻さはなく、こういうところも三角縁神獣鏡の特徴の一つといえる。

　さらに内行花文鏡は、鈕の周囲の四葉座《しようざ》と内行花文などの破片があり、径が推定復元できたものは、三五〜三八センチの大型鏡である。この大きさは、天理市下池山《しもいけやま》古墳例（三七・六センチ）や天理市柳本大塚《やなぎもとおおつか》古墳例（三九・七センチ）に匹敵し、古墳時代の初期段階からこのように優品で大型の仿製《ぼうせい》鏡《きょう》（列島製の鏡）が製作されていたことは注目できる。

〔追記〕再調査で、さらに多くの鏡片が出土した。合計八一面まで数えられ、大型前方後円墳にはこれほど多くの鏡が副葬されていた、と実感させられた。それと同時に、「正始元年」銘の同向式神獣鏡を含む三角縁神獣鏡は二六面で、全体の三分の一以下ということにも注目できる。

中国鏡と仿製鏡

ところで、茶臼山古墳の鏡の構成は、三角縁神獣鏡以外の中国鏡が半数近くを占め

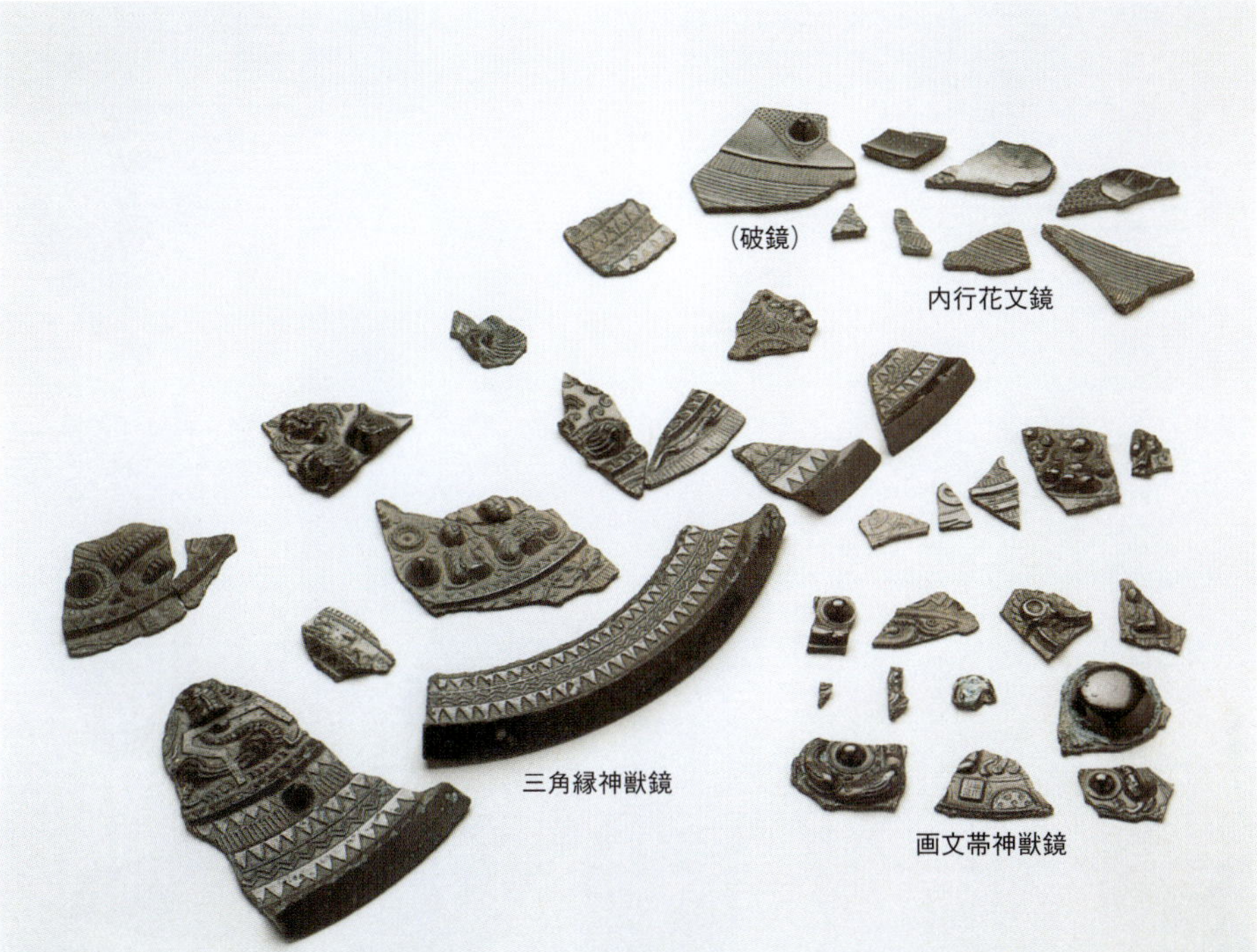

図15 ● 各種の鏡片

ている。このような内容は前期古墳のなかでは珍しい。

たとえば、黒塚古墳や椿井大塚山古墳では、三角縁神獣鏡がその大半を占めるが、それらと異なる例は天理市天神山古墳にある。総数二三面のうち方格規矩四神鏡六、内行花文鏡四、画文帯神獣鏡四、獣帯鏡一、画像鏡二などの中国鏡をもち、三角縁神獣鏡は含まない。この構成に、三角縁神獣鏡と仿製の大型内行花文鏡を加えたのが、茶臼山古墳の鏡群といえる。

なお、天神山古墳は、その位置からも行燈山《あんどんやま》古墳に近い人物の墓とみるのが自然であり、しかも棺内の埋葬空間から幼少者の墓と想定でき、その鏡群は行燈山古墳の被葬者の手元にあった鏡の可能性が考えられる。このことから、行燈山古墳と同じ二〇〇メートル級の茶臼山古墳にも中国鏡が多く含まれるのは理解できる。つまり、鏡を古墳に副葬する場合は、まず中国鏡が優先され、その不足分を補うために、三角縁神獣鏡をはじめとする仿製鏡が製作・副葬されたと考えれば、このような古墳の規模の格差による副葬鏡の内容の違いの意味が、わかりやすくなる。

各種の碧玉製品

石製品は、用途によって石材が使い分けられている。まず碧玉製品のうち、緑色に黄色い縞の入る石でつくられたのは玉杖（図16）と玉葉である（図18）。威儀具としての儀杖＝指揮棒をかたどったとみられる玉杖の破片は四本分あり、碧玉管を鉄芯で連結させたものは、直径の違いで三種類、このほかに鉄芯の痕跡のない破片もある。もっとも残りのいいのは、杖頭から杖

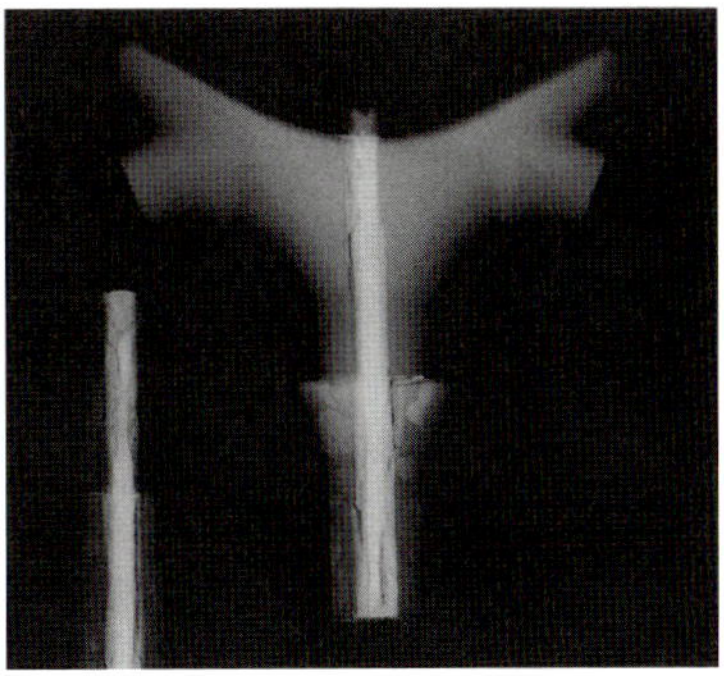

図16 ● **玉杖**（左）**と頭部・身部のX線写真**（右）
X線写真で、鉄芯が貫通していることがわかる。

身と鏃の断片の長さは計四二・一センチになる。

　このように鉄芯の有無や太さを区別して複数の玉杖をつくるのは、メスリ山古墳にもみられる特徴であり、杖頭部の形や構造の異なる四種の玉杖が出土していて（図37参照）、製作に際しての基本理念は受け継がれた可能性を感じる。

　また、中国の玉製葬具の眼玉に通じるとして名づけられた玉葉は、二枚は幅八センチのほぼ同形同大、ほかの一枚は幅五センチ前後の小型品である。なお、これは玉杖の杖頭の上部にのせて組み合わせるものと清喜裕二《せいきゆうじ》氏が指摘したが、それぞれの出土位置が近いことと、実物で合わせてみて、それが妥当なことは確認できた（図17左）。その形は、天理市乙木《おとぎ》・佐保庄《さほのしょう》遺跡の団扇《うちわ》・翳《さしば》形木製品に通じる（図17右）。

　そして、濃緑色の五輪塔形（壺形）の石製品は、琴柱形石製品に属するとみられ、共伴する管玉の石材と共通することからも、垂飾品として装身具の用途が考えられる。なお、一点のみ青色ガラス管玉を含む。

　軟質で淡い水色の緑色凝灰岩では、腕輪形石製品と武器形石製品がある。腕輪形石製品は鍬形石・車輪石・石釧の三種がそろっていて、いずれも古式の特徴を備えている。そして、武器形石製品には弓矢関連の弭《ゆづか》形と鳴鏑《なりかぶら》形石製品があり、この要素が、メスリ山古墳では鉄製弓矢と多数の石製鏃の副葬となって、より強調したかたちで受け継がれる。このほかにも、色調の異なる帆形と組合せた異形石製品と筒形品がある（図18）。

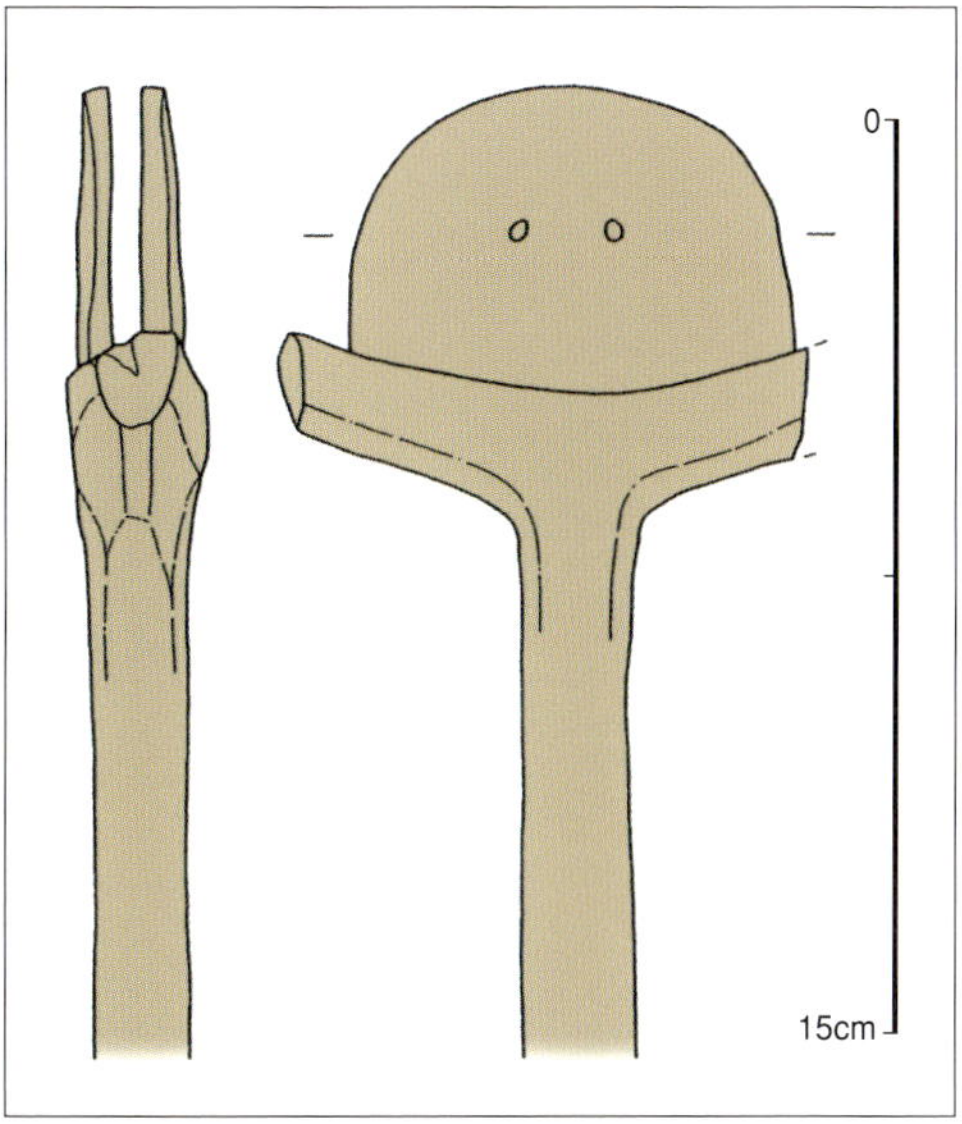

図17 ● **茶臼山古墳の玉杖**（左）**と乙木・佐保庄遺跡出土の団扇・翳形木製品**（右）
左の写真は、玉葉を合成した。

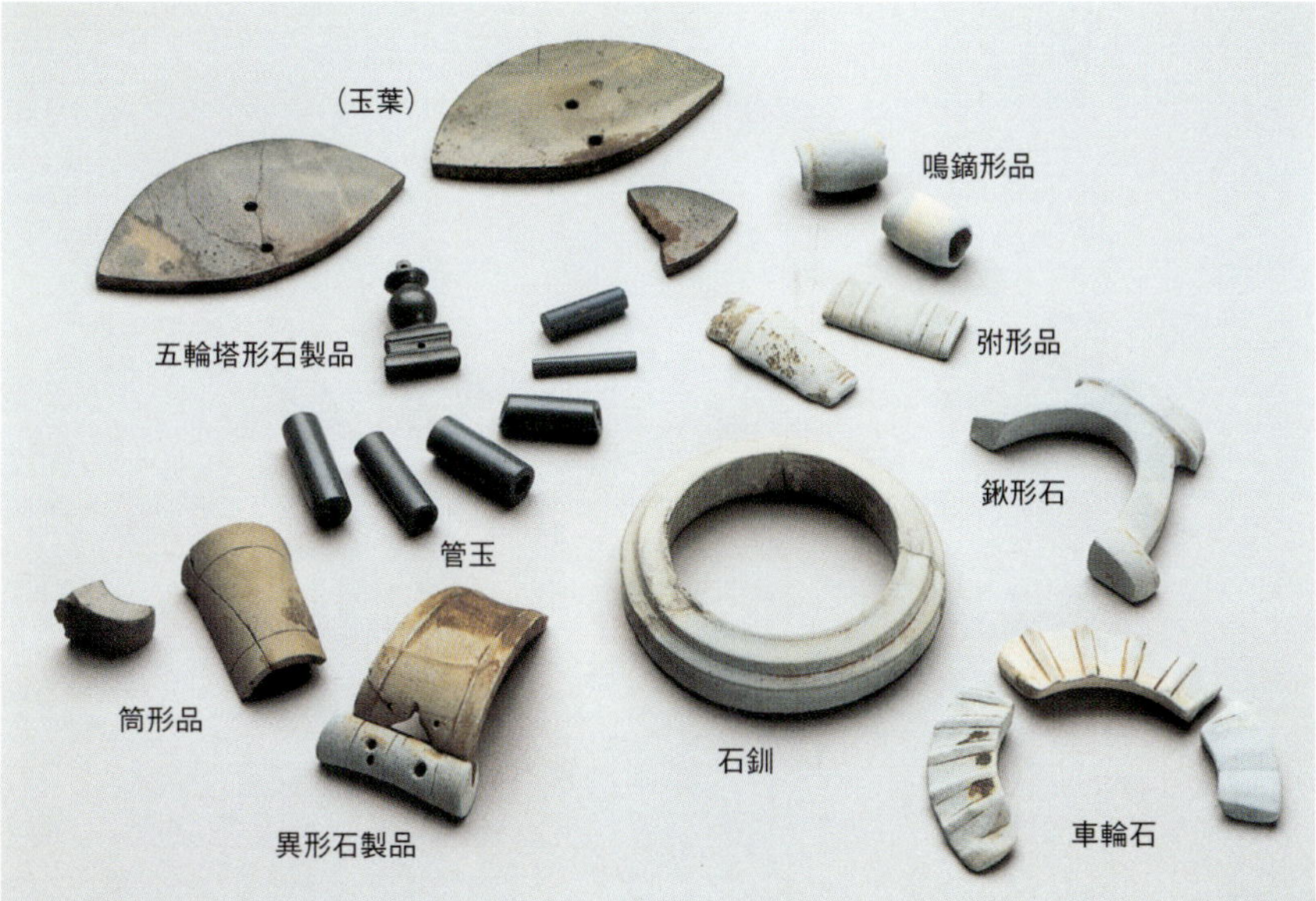

図18 ● **各種の石製品**
三種類の石材が使い分けられている。

第3章　巨大埴輪のメスリ山古墳

1　副室をもつ古墳

茶臼山につづいて築かれた古墳

メスリ山古墳は、茶臼山古墳から南西に約一・六キロメートルのところにあり、鳥見山の西、谷首《たにくび》古墳・文殊院西《もんじゅいんにし》古墳・艸墓《くさはか》古墳などの七世紀代の横穴式石室墳がつくられた阿部《あべ》丘陵から、谷をはさんで南の尾根筋に築かれた前方後円墳で、前方部を西に向けている（図19・20）。

墳丘は全長二二四メートル（推定復元値）、後円部径一二八メートル、前方部幅八〇メートル、後円部の高さ一九メートル、前方部の高さ八メートルになる。

この古墳も、前方部が広がらない柄鏡形の墳丘であり、茶臼山古墳から直接つながる大型古墳とみて間違いない。なお、八五年の桜井市による北側の第四次調査で、墳丘裾より約一五メートル北に広がる葺石列がみつかり、墳丘の範囲はさらに大きくなるようだ。

図 19 ● **メスリ山古墳**（北西より、1961 年撮影）

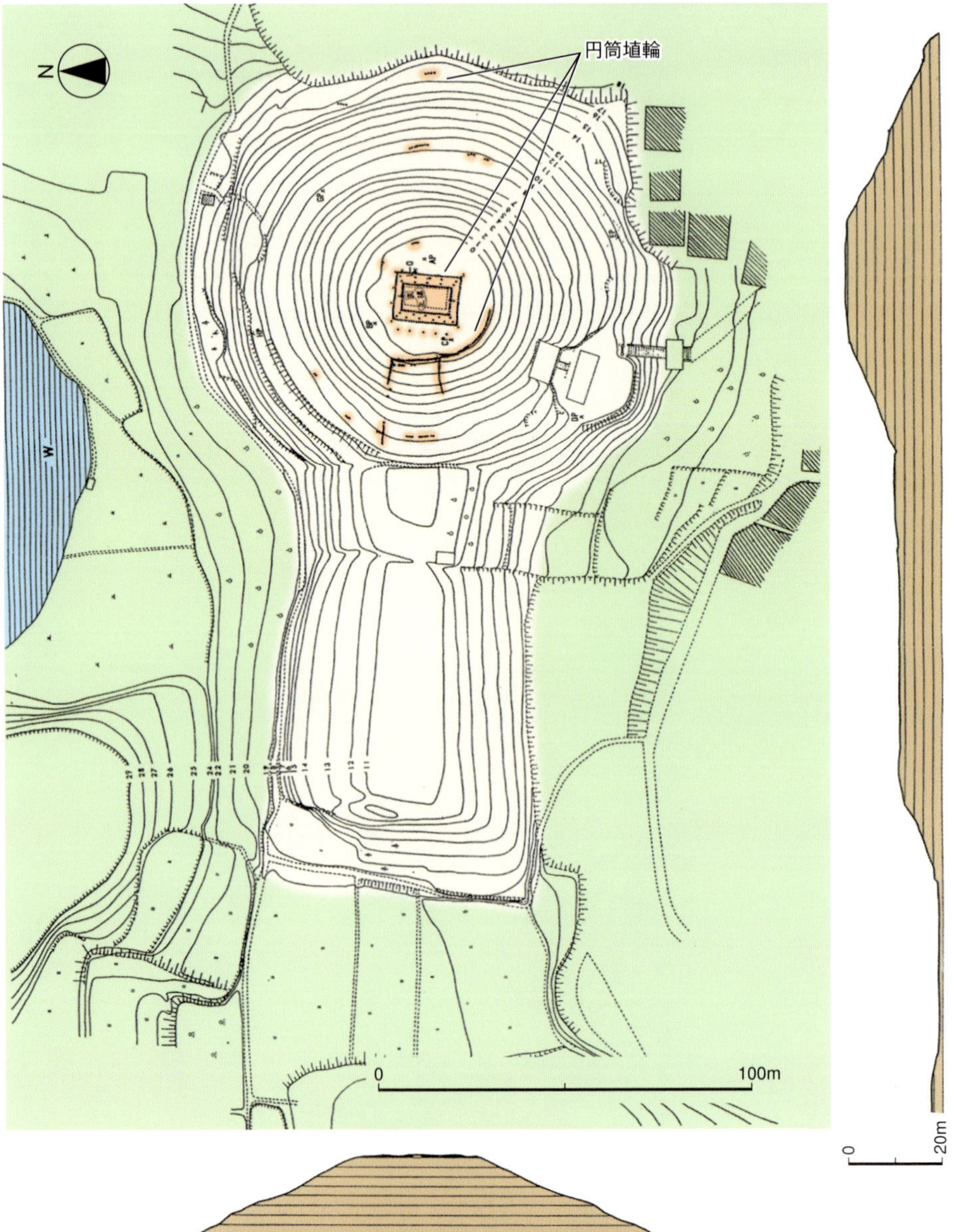

図20 ● メスリ山古墳の墳形（1959年の測量図）

墳丘の段築は、後円部三段で、それに対応する円筒埴輪列も見られ、前方部の埴輪列は未確認だが二段になるだろう。墳丘の姿をよくとどめる後円部では、斜面に今でも人頭大から拳大の葺石がごろごろしているが、そのようすから地元では「鉢巻山」とよばれていたと報告書にみえる。

未盗掘の副室の発見

「茶臼山古墳の発掘調査が新聞に報道されていた頃（一九四九年一〇月）、人がよく来たので不審に思い、帰ったあとに見に行くと、割石が散乱していた」との付近の人の話を、小島俊次《こじましゅんじ》氏は報告書の冒頭にあげている。このときの盗掘はそれほど大規模なことではなかったようだが、その後になって土地所有者による開墾の話が伝えられ、一九五九年一二月、伊達宗泰氏による測量調査と平行して第一次の発掘調査（後円部の埴輪方形区画と主室、一二月二〇日～六〇年一月一七日）が開始された。

その後も第二次調査（後円部中段の円筒埴輪列と副室、一九六〇年三月二〇日～四月一〇日）と第三次調査（前方部、一九六三年三月二〇日～二六日）がつづけられた。とくに主室の周囲の土層確認のためのトレンチ調査で、未盗掘の副室がみつかったため、担当者は遺物の取り上げまでは現地に宿泊しての調査となった。第一・二次調査は伊達氏と小島氏が、第三次調査は伊達氏が担当した。なおこの古墳は、「鉢巻山古墳」のほかに「東出塚古墳」ともよばれていたが、第二次調査後に小字名から現在の名称に改められた。

二つの石室

後円部頂上の平坦部の縁をとり巻く円筒埴輪列は、直径三三メートルの円弧を描くように立て並べられていて、その中央に巨大な埴輪に囲まれて竪穴式石室が築かれていた（図22）。この石室は、今でも現地に行けば天井石が見えるようになっている。

後円部中央の竪穴式石室（主室）は、墳丘の主軸に直交する南北方向に築かれていて、長さ八・〇六メートル、幅は北端で一・三五メートル、中央で一・一八メートル、高さは南端で一・七六メートルになる。天井石は八石でおおい、四壁は板石を小口積みにしてほぼ垂直に積み上げている。

石室内は盗掘の被害が著しかったが、その床面に木棺をすえるための粘土による棺床があり、その痕跡から幅約八〇センチ、長さ七・五メートル以上の長大な木棺が置かれていたことがわかる（図23）。

この石室は、先に築造した墳丘に墓壙を掘り込んで築くものではなく、粘土棺床の周囲に

図21 ● メスリ山古墳の調査風景（副室の上）
副室の天井石がカマボコ形に盛り上がっているのがわかる。

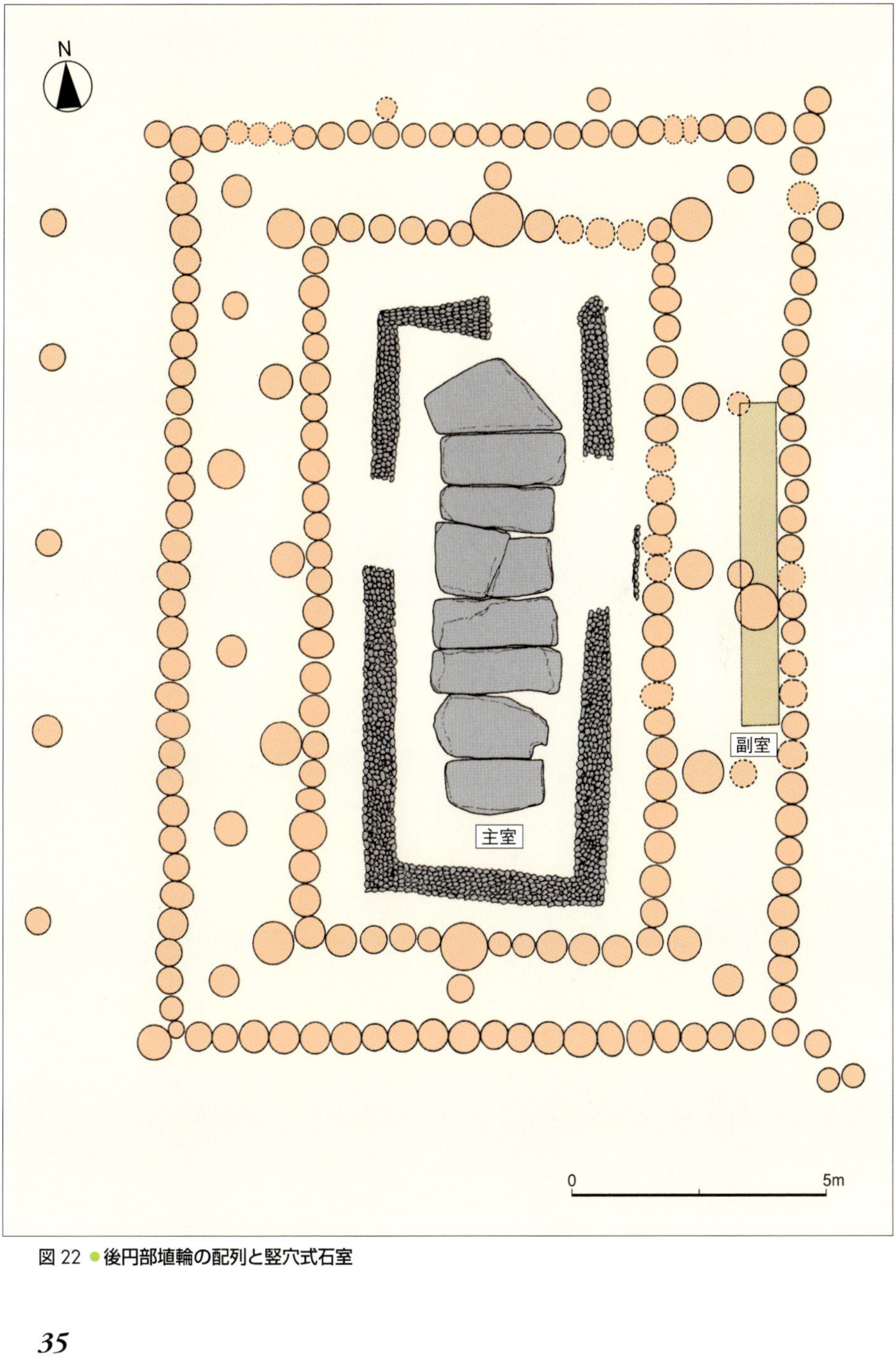

図 22 ● 後円部埴輪の配列と竪穴式石室

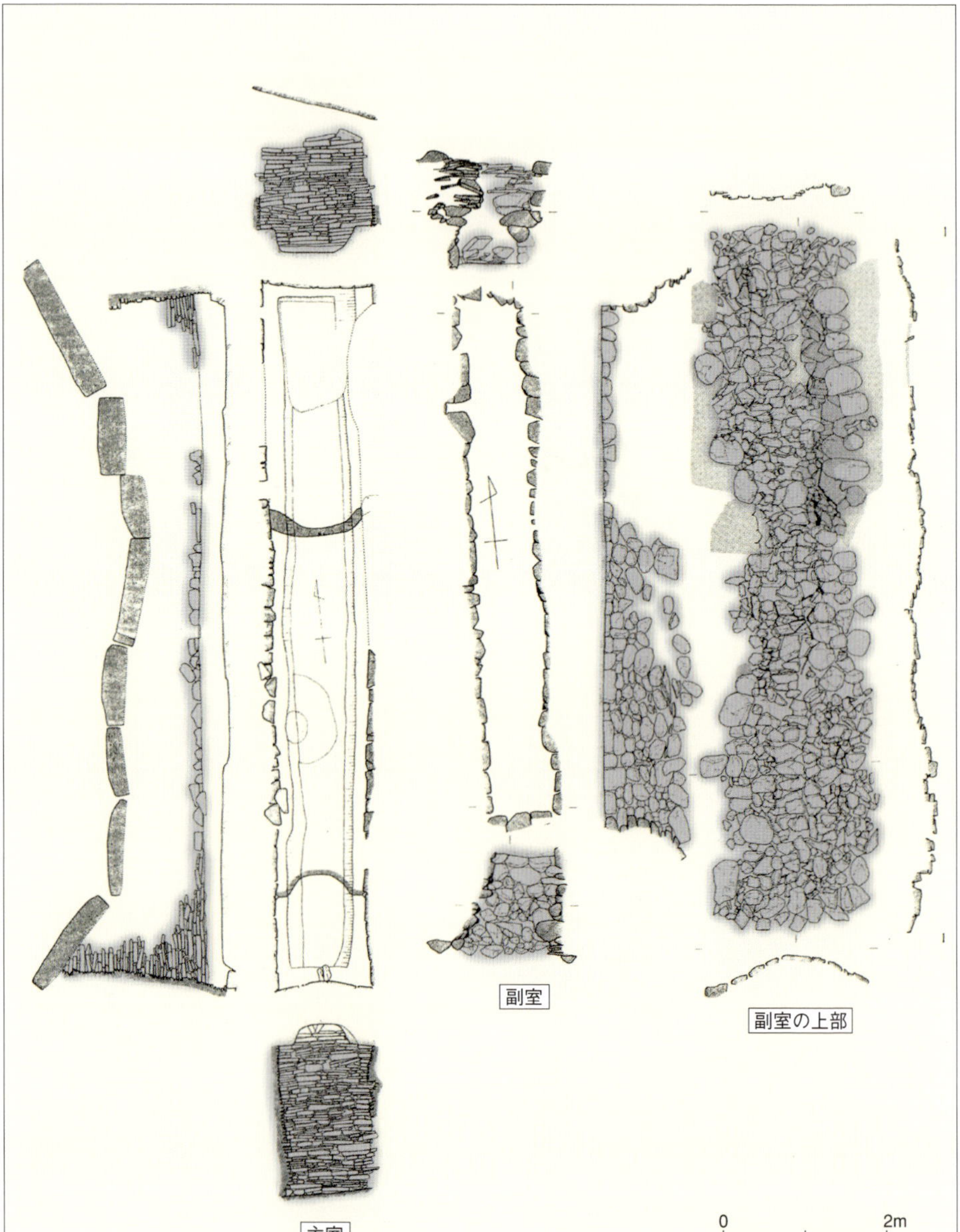

図 23 ● **二つの石室**
板石を積み上げた主室にくらべて、副室は丸みのある石を使用している。

「栗石《くりいし》囲《かこ》み壁」を設けて、そこから石室を構築するとともに盛り土を完成させたと考えられる。

その盛り土の途中に、石室の四・七五メートル東にもう一つの竪穴式石室（副室）が築かれていた（図23・24）。こちらの石室は盗掘をのがれていて、その床面は、主室の床より一・一メートル高い位置にあるが、天井石は主室とほぼ同じ高さになる。

石室の長さ六メートル、幅は七二センチ、木棺を置かない平らな床面から四壁の石を積み始めていて、下から三〇センチほどは丸みのある石を垂直に積み、それから上はやや偏平な石を使って徐々に持ち送り、天井部は手のひらを合わせたように、左右の壁を合わせる構造になる（図35）。そのため、主室の天井石のように、とくに大きな板石は必要なく、その天井の上部は図21のように中央がやや盛り上がっていた。

2　巨大埴輪の樹立

後円部頂の方形区画と埴輪

主室の竪穴式石室は、天井石の上を厚く粘土でおおい、その上を囲む石垣で長方形の区画をつくり、礫を詰めて方形の壇を築き、その周囲に

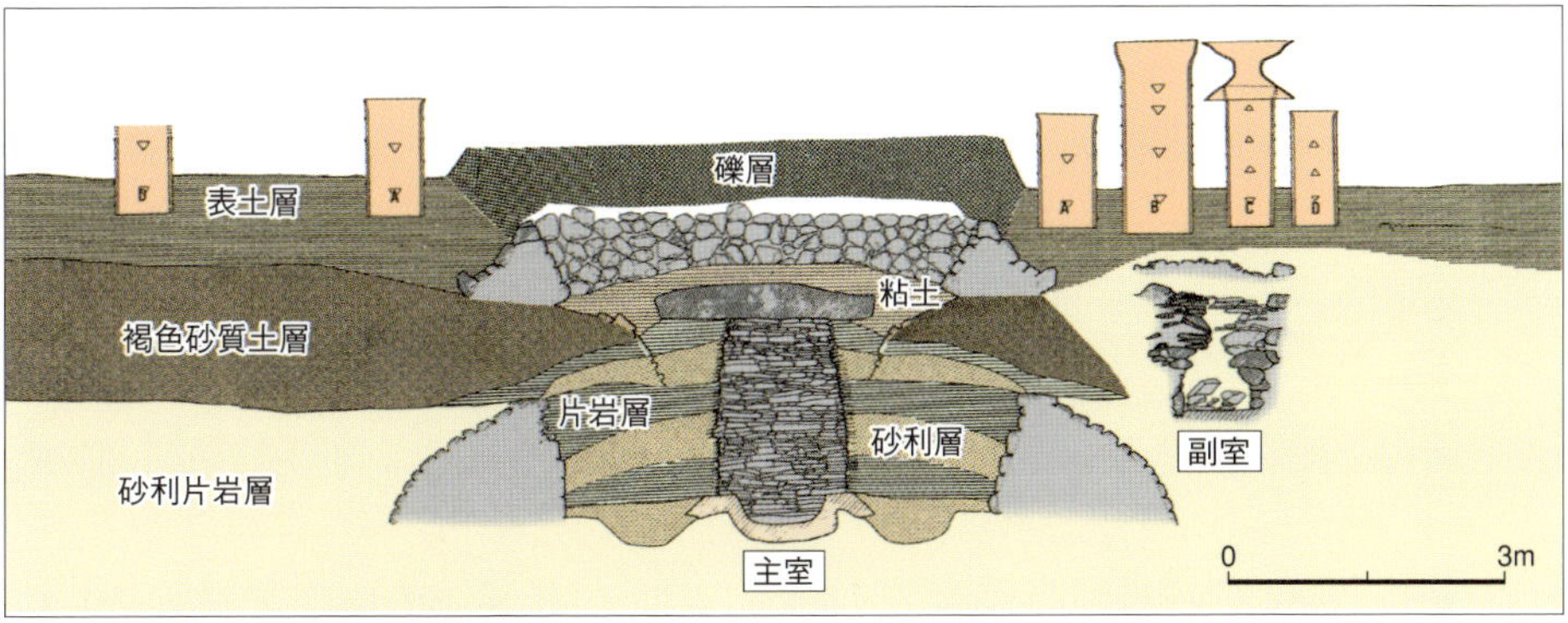

図24 ● 二つの石室の位置関係
主室のあとに副室を築いている。

埴輪を二重に立て並べていた（図25・26）。

内側の埴輪列は、石室の主軸線上の南北に最大の特殊円筒埴輪を立てて、南・北面に各一二本、東・西面に二三本と二二本、合計六九本の円筒埴輪によって、東西六・七メートル、南北一三・三メートルの範囲を区画する。さらに、それを囲む外側の円筒埴輪列は、北面は一〇・二メートルの間に二三本、南面は一〇・二メートルに二〇本、東・西面はともに一五・二メートルに三二本で、合計一〇七本になる。さらにその間にも、大型の特殊円筒埴輪と高杯形埴輪を配していた。

この方形区画に使用された埴輪は、いずれも大きい。そのことは、埴輪列でもっとも多く並べられた円筒埴輪が、径五六センチ、高さ一一九センチあることからもわかる。そして、口縁部が斜めに広がる大型の

図25 ● 発掘された後円部の埴輪（南西隅）
埴輪の下一段が埋められていて、その上の破片は周囲に散乱していた。

特殊円筒埴輪は、最大のもので高さ二メートル四二センチ、口径一メートル三一センチ、胴部径九〇センチの巨大なものだ（図1参照）。また、高杯形埴輪もあり、それは特殊円筒埴輪の上にのせて立てられていた。杯部と脚部を組み合わせた高杯は、径九八センチ、高さ五五センチ、それをのせる特殊円筒埴輪は口縁部に段がついて広がる形態で、口径五六センチ、胴部径四九センチ、高さ一四四センチ、高杯をのせた全体の高さは一九三センチになる（図46参照）。

これらの円筒埴輪と特殊円筒埴輪には、三角形と逆三角形の透かしがあり、円筒埴輪が八段、特殊円筒埴輪は九段で構成される。大型の特殊円筒埴輪では、突帯を貼り付けた後の仕上げの外面調整に、横・斜め・縦方向のハケ目とナデ調整のいずれもがあり、調整方法は統一されていない。つ

図26 ● 埴輪の配列と石室の復元図
中央の方形壇の下に主室の石室が見える。

まり、多くの人が同時にその製作にかかわり、技法の統一よりはまず完成させることが優先された、というような状況を物語っているようだ。

巨大埴輪の復元製作

ところで、この巨大埴輪は、これまでに二回復元製作されている。

最初の、奈良教育大学教授の脇田《わきた》宗孝《むねたか》氏による復元は、一九八三年六月から翌年の二月まで、桜井市の陶芸講座の受講生とともに実現された（図27）。その工程では、埴輪の製作に約一カ月、それまでの実験など諸々の準備に四カ月、製作後に二カ月の乾燥とともに窯の壁を築き、一月末に焼成している。

この時には、焼成まで移動させずにその場で窯を築くことを前提にして、最初から一メートルほど掘り下げておき、上半部の窯の壁は瓦などで積み上げられた。なお、窯の天井は閉じないで焼成し、無事にできあがった。

また、二〇〇五年の奈良芸術短期大学での復元製作は、橿原考古学研究所附属博物館の特別展『巨大埴輪とイワレの王墓』にあわせての企画だった。このときは、脇田氏の助言と、同学教授の河野《かわの》榮一《えいいち》氏の指導のもと、陶芸コースの学生が汗を流して挑戦した。土作りから製作・焼成場所づくり、成形、乾燥、築窯、焼成、窯出しまでを、およそ三カ月半でこなして、その年の秋の特別展に間に合った。

二度の製作に共通するのは、陶芸に精通した指導者のもとでの作業であり、とくに大学では

1　水糸を基準線にして粘土を積み上げる。

2　形を整える。

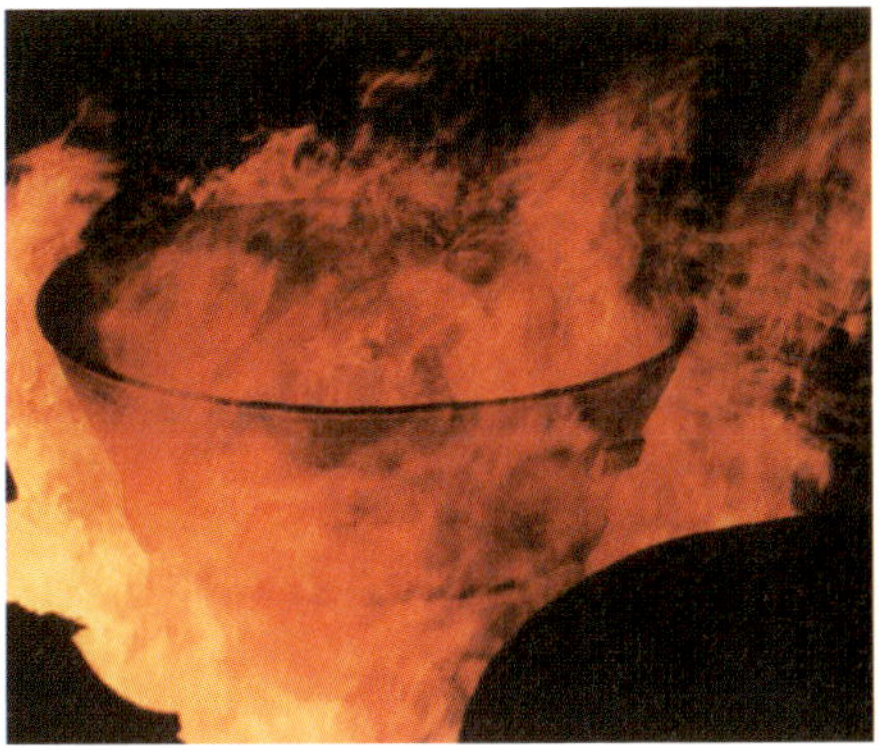

3　約 2 カ月乾燥させたのち、窯で焼く。

4　焼きあがった埴輪。

図 27 ● **巨大埴輪の復元製作**（指導：奈良教育大学脇田宗孝教授、1983 ～ 84 年）

講師の先生を交えた打ち合わせが何度も繰り返されたと聞いている。おそらく、メスリ山古墳の当時の埴輪工房でも、これと同じような体制でおこなわれ、その試行錯誤の過程で、新たな製作技法や生産システムの合理化が、考案されたのではないだろうか。というのは、このような大型古墳を築造するときには、当時のトップレベルの技術者が招集されたと想定できるからである。

3　主室におさめられた副葬品

三面の鏡

主室の石室は、盗掘によって大きく破壊されていたため、副葬品で元の位置を保つものはほとんどなく、側壁沿いに置かれた一部の鉄刀剣以外は、石室床面の粘土が攪乱されたなかと流入土に含まれていた。

副葬品には、玉・石製品と鉄製武器、鏡片がある。玉はヒスイ勾玉と碧玉管玉があり、管玉は径五～一〇ミリまでの細いものが大半である（図28）。

鏡は破片になっていて、三角縁神獣鏡と二種の内行花文鏡があり、内行花文鏡はともに舶載鏡と考えられる。三角縁神獣鏡は、巨《きょ》という器具を銜《くわ》える獣の胴部片であり、その形状から三《さん》角縁《かくぶち》吾《ご》作《さく》徐州《じょしゅう》銘《めい》四《し》神《しん》四《し》獣鏡《じゅうきょう》の可能性が考えられる。内行花文鏡は二面分あり、大きなほうは、面径二六・五センチに復元できる長宜《ちょうぎ》子《し》孫銘《そんめい》内行《ないこう》花文《かもん》鏡であり、小さいほうは分析用に周囲が研磨されたので、良好な銅質を見ることができる。

多様な石製品

石製品は、椅子形石製品と櫛形石製品、容器形石製品、腕輪形石製品がある。

椅子形石製品は脚部の破片が出土し、厚さと透かしの有無で二個体に分かれる。厚いほうの破片が、京都国立博物館蔵品と接合した（図29）。博物館には、そのほかにも一点収蔵されていて、それの複製をつくって復元した高さは七・五センチ、脚部の長さ一三・一センチ。椅子形石製品は、あわせて三個体分が確認できたことになる。

櫛形石製品（図30）は、軟質の緑色凝灰岩製で、竪櫛をかたどったもので二個体あり、復元長約一一・四センチになる。そして、同質の棒状品はその軸でつながる可能性がある。

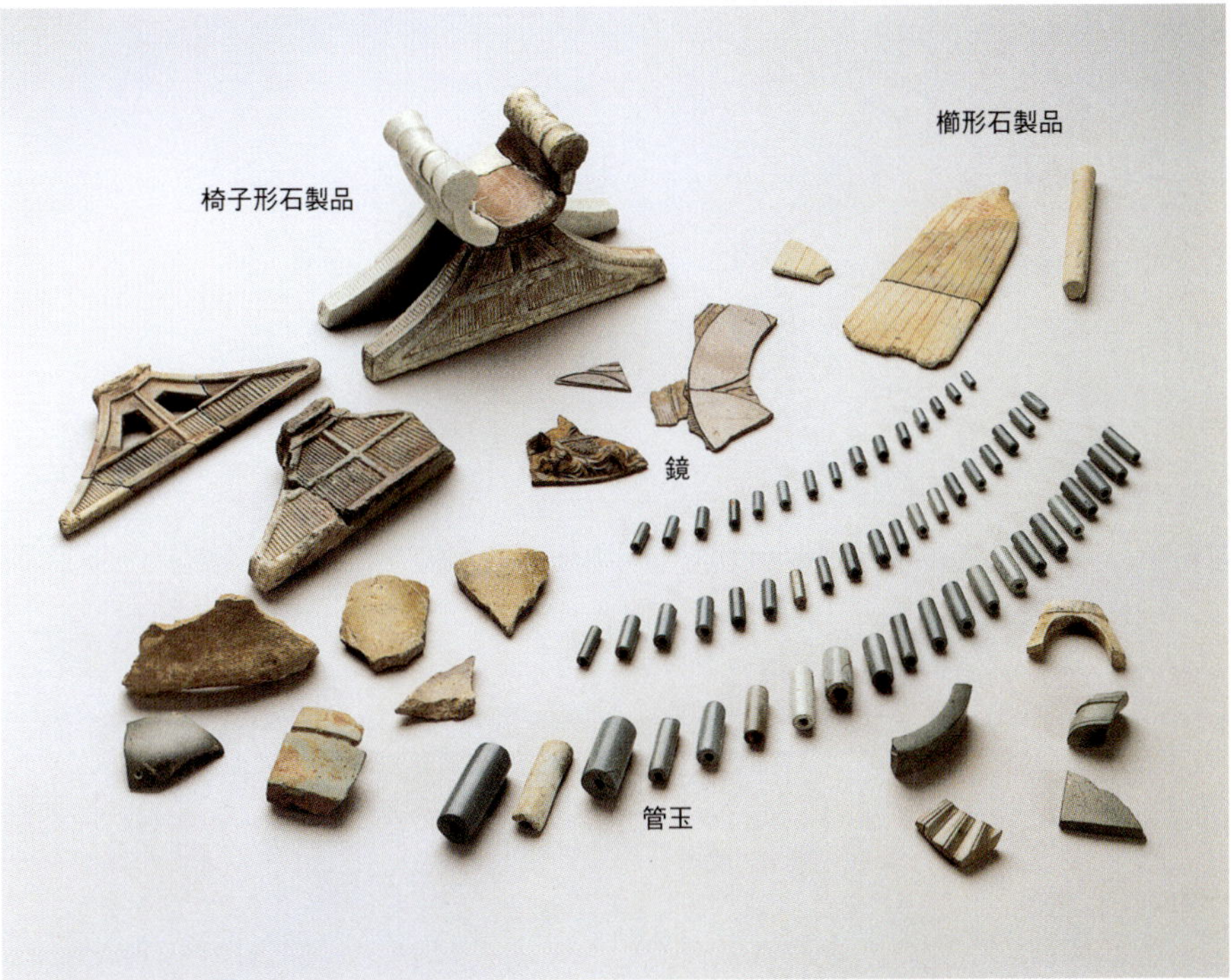

図28 ● 主室におさめられた石製品と鏡

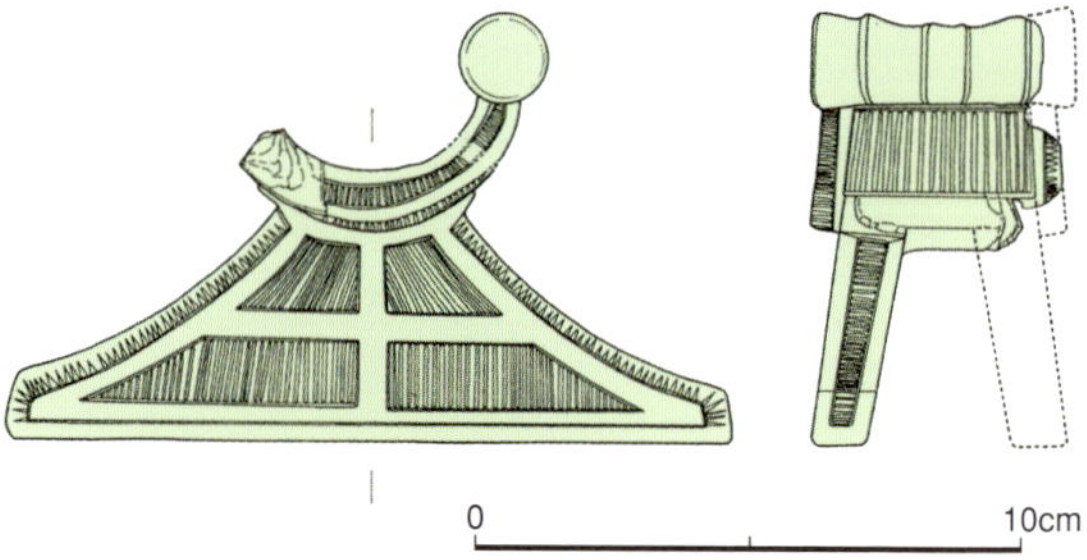

図 29 ● 椅子形石製品
上の図は、京都国立博物館の所蔵品。
下の写真の、出土品（左の破片）が京都国立博物館所蔵品（右、複製）と接合し、出土古墳が特定できた。

図 30 ● 櫛形石製品
2 個体分の破片と、左の円棒は上につづく軸の可能性あり。

図 31 ● 石製合子
左下の破片は、器種がよくわからない。

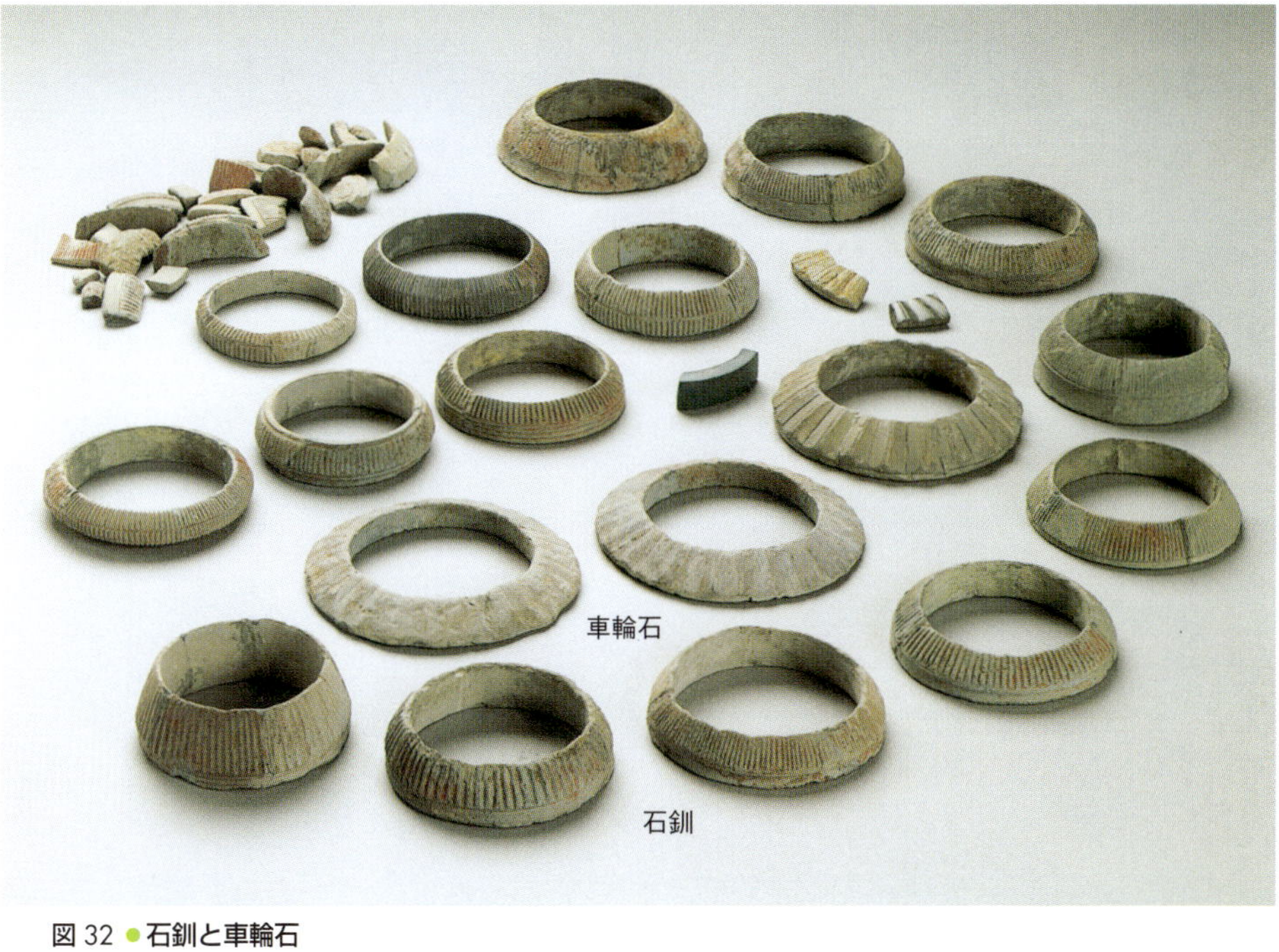

図 32 ● 石釧と車輪石
石釧は数が多く、個体差も多い。

椅子形品とともに類例の少ない珍しいものだが、実際の大きさより極端に小さくつくった椅子形石製品にくらべて、これは竹製の竪櫛と大きさが変わらず、同様な石製品であってもそれぞれの製作原理は異なる。

また、容器形石製品（図31）には、碧玉製の小型合子と滑石製の楕円形合子が含まれ、滑石製合子は他の出土例のなかでも初期に属する。

鍬形石・車輪石・石釧（図32）は、いずれも破片になっていた。そのなかでも二〇個体を超す石釧の数は注目でき、多数埋納の初期の例である。なお、石釧に碧玉製品と緑色凝灰岩製品があるように、ほかのものも、異なる石材でつくり分けているのが目につく。

鉄製武器

鉄刀剣は、棺外の側壁沿いに並べられていた。刀剣はいずれも破片になっていて、刃幅の違いによって三グループに分けられる。刃幅が四センチの大きな刀が主で、その他に三〜三・五センチのもの、もっとも細身の刀は二・五センチのものがある。また、なかに刃幅三・五センチの剣の破片が含まれるが、大半は刀である。

これらの破片を接合しなおしたが、最大で五一センチの長さになったものもあるが、多くは接合できないままであり、いずれも攪乱による破損を受けている。また、柄部のX線写真を見ると、茎尻《なかごじり》が直角になる一文字尻で、刃部との境の関《まち》を直角につくる直角関の刀が主である。

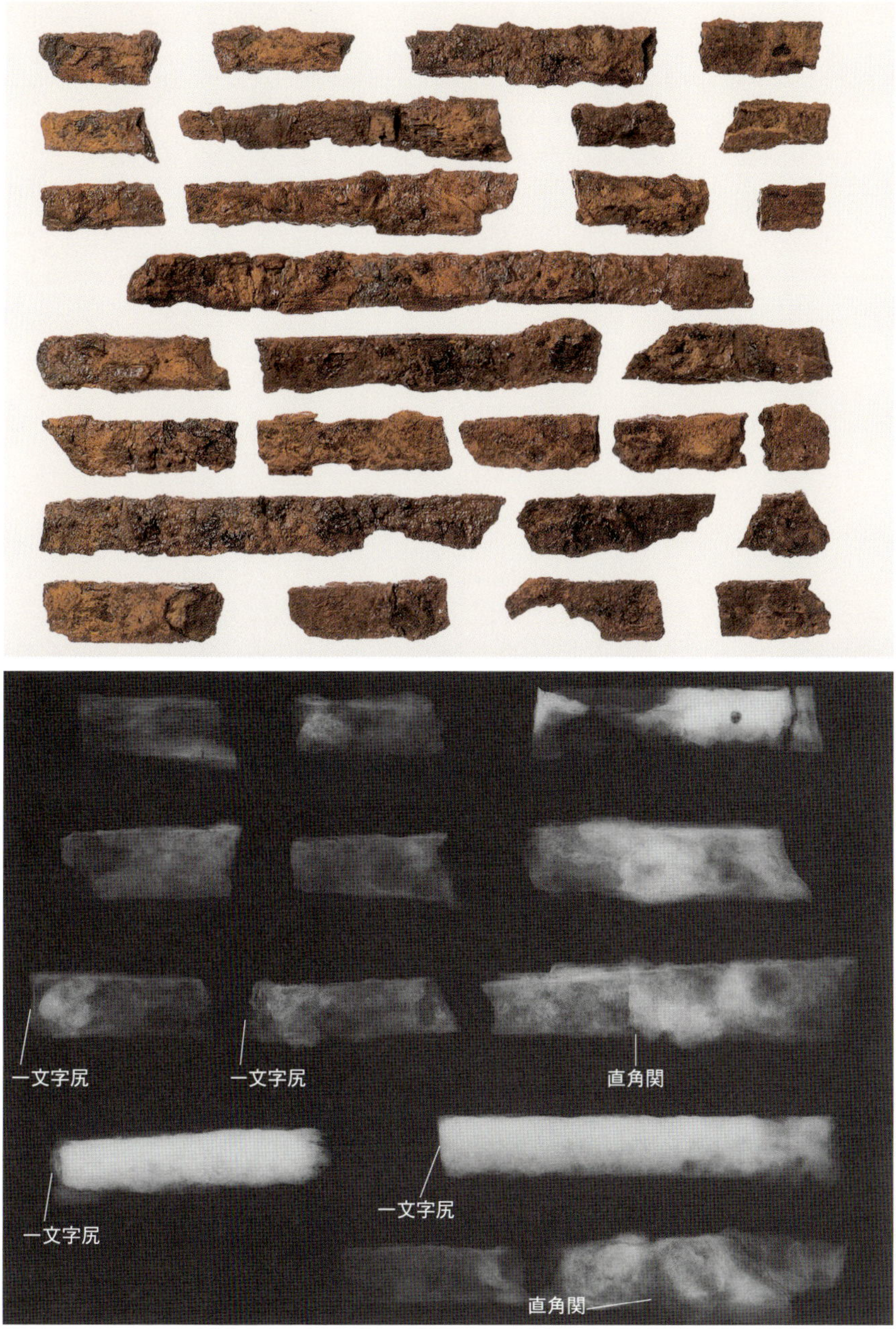

図 33 ●鉄刀片（上）と柄部のＸ線写真（下）

4　盗掘されなかった副室

威儀具の格納施設

未盗掘の副室には、おびただしい数の遺物がおさめられていた（図34・35）。そのようすは、まず槍を南北に交互に向けて積み上げて、その上に鉄製弓矢、鉄刀剣、農工具、碧玉製品、さらに銅鏃と石製鏃を装着した矢を群ごとにまとめて置いていた。なお、報告書では、石室の床面に漆膜が面的に広く見られることから、盾が置かれていた可能性を想定している。

武器には、鉄製弓矢と銅鏃・鉄刀剣・槍先があり、とくに銅鏃の二三六本、槍先の二一二本以上という数字は驚異的である。

碧玉製品では、四本分の玉杖が先の茶臼山古墳の例との関連で注目でき、さらに紡錘車形石製品や大型の管玉と石製鏃がある。また鉄製農工具は、斧《おの》・鑿《のみ》・鉇《やりがんな》・鋸《のこぎり》・刀子《とうす》・手鎌・針状工具・異形鉄器など種類が豊富である。

伊達氏はこの副室について、「まつりやまつりごとをおこなう権力の象徴的威儀具として使用されていたものを一括納入する格納施設」であろうと、報告書で説いている。

副室のある古墳

このように、埋葬施設とは別に副葬品を収納するための施設を、同一墳丘内に設けた例はあまり多くない。

図34 ● **副室の全景**（南より）

前期後半の奈良県橿原市新沢《にいざわ》五〇〇号墳では、主槨の粘土槨は勾玉・管玉・ガラス小玉が中心であり、副槨には長方板革綴短甲《ちょうほうばんかわとじたんこう》や鉄刀・剣・槍、銅鏃などの武器と、三角縁神獣鏡などの鏡五面、車輪石、鉄製農工具などがおさめられていた（図36）。

また、中期初頭の兵庫県加古川市行者塚《ぎょうじゃづか》古墳では、後円部に三基の粘土槨（埋葬施設、未調査）と、その上層に二つの副葬品収納箱があり、そこには帯金具や馬具・鉄鋌《てってい》・鉄鍑《てっふく》などの舶載品をはじめ、各種の武器・農工具がおさめ

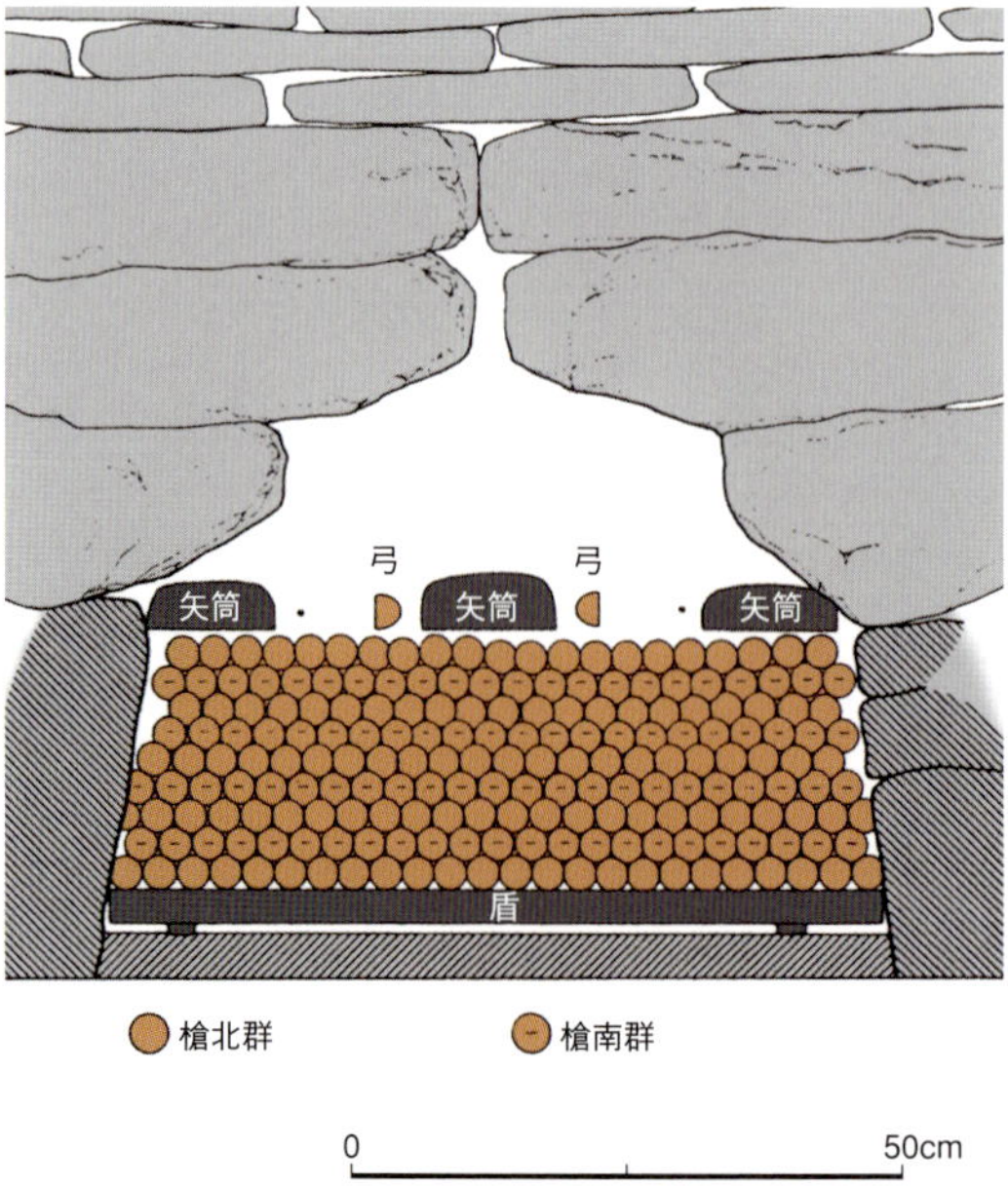

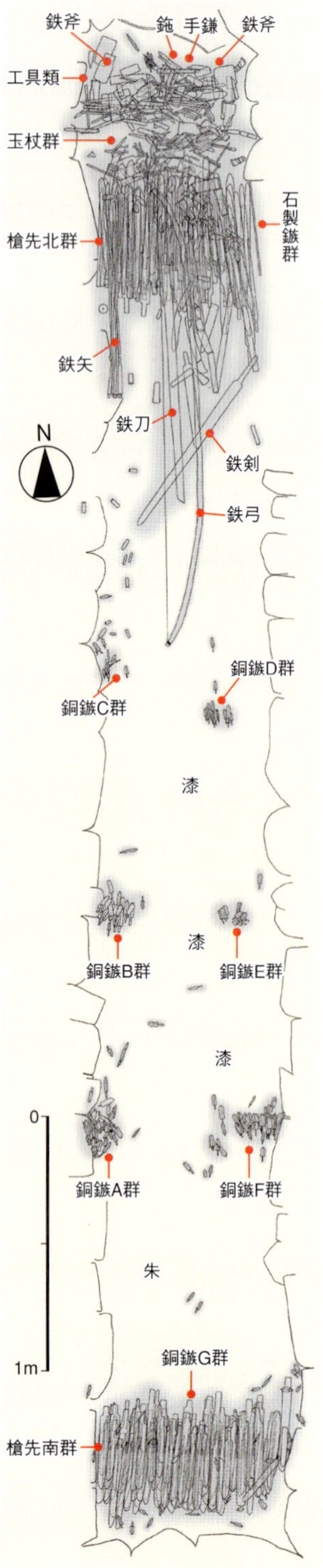

図35 ● **副室の遺物出土状況（右）と武器の格納状況（上）**
石室の床面に盾を置き、槍先を南北交互に向けて納め、いちばん上に弓矢を置いていた。

られていた。

行者塚古墳の副葬品収納箱と埋葬施設との位置関係は、メスリ山古墳と共通している。それは、主室への埋葬後に石室を完成させ、墳丘を築く過程で副室をつくり、品物をおさめるという手順である。

副室の品物は埋葬終了後におさめられるので、一連の葬送儀礼の過程で棺内や棺外に添えられた品々とは、区別してあつかわれていたことがわかる。つまり、生前の権力を象徴する威儀具のなかで、個人に帰属する品は遺骸に添えるかその周辺に置き、集団の保有品は、このように区別してあつかったと理解するのがいいだろう。

図36●新沢500号墳の副槨（中央）と主槨（右上にすこし見えている）

碧玉製品

メスリ山古墳を代表する玉杖（図37）は、遺骸を埋葬した主室ではなく、鉄製武器などとともにこの副室におさめられていた。

玉杖は四本のうち、頭部が翼状飾りの二本と、十字形飾り二本がある。茶臼山古墳例と同じように鉄芯を使うのは一本のみで、これには杖身があるが、他は杖頭部と下端の鐓部を石製でつくり鉄芯はない。そのため、これらの杖身は木製であったと考えられ、それを挿入・固定するためのタール状のものが、孔のなかに残っていたと報告されている。

翼状飾りの一本（図37左端）には、翼部と下の筒部を組み立てるための小孔があけられている。また、十字形飾りの一本（図37右端）には、羽の部分が破損したために

図37 ● 副室におさめられた玉杖（左：翼状飾り、右：十字形飾り）

破片どうしをつなぐ補修用の小孔が見られ、長期間の使用がうかがえる資料である。

紡錘車形石製品（図38左）は、両端の石製紡錘車と大管玉二個を、長さ一七センチほどの鉄芯によって連結させている。なお、両端の鉄芯がまだのびているので、これを玉杖と同様のものとする考えもある。

これらの碧玉製品は、権威の象徴としての役割が想定できるが、実際には遺骸から離れた副室に置かれていたため、この集団では、王個人に帰属するものとは考えられていなかったことがわかる。また、茶臼山古墳につづいて、このメスリ山古墳にもおさめられたことから、それ自体は引き継がれるものではなく、王が変わるたびに新たなデザインの玉杖が創作されたと考えられる。

なおこのほかにも、径一・三センチほどの大型の管玉状石製品（図38右）があるが、装身具としての管玉はここでは想定しにくい。報告書では、それら

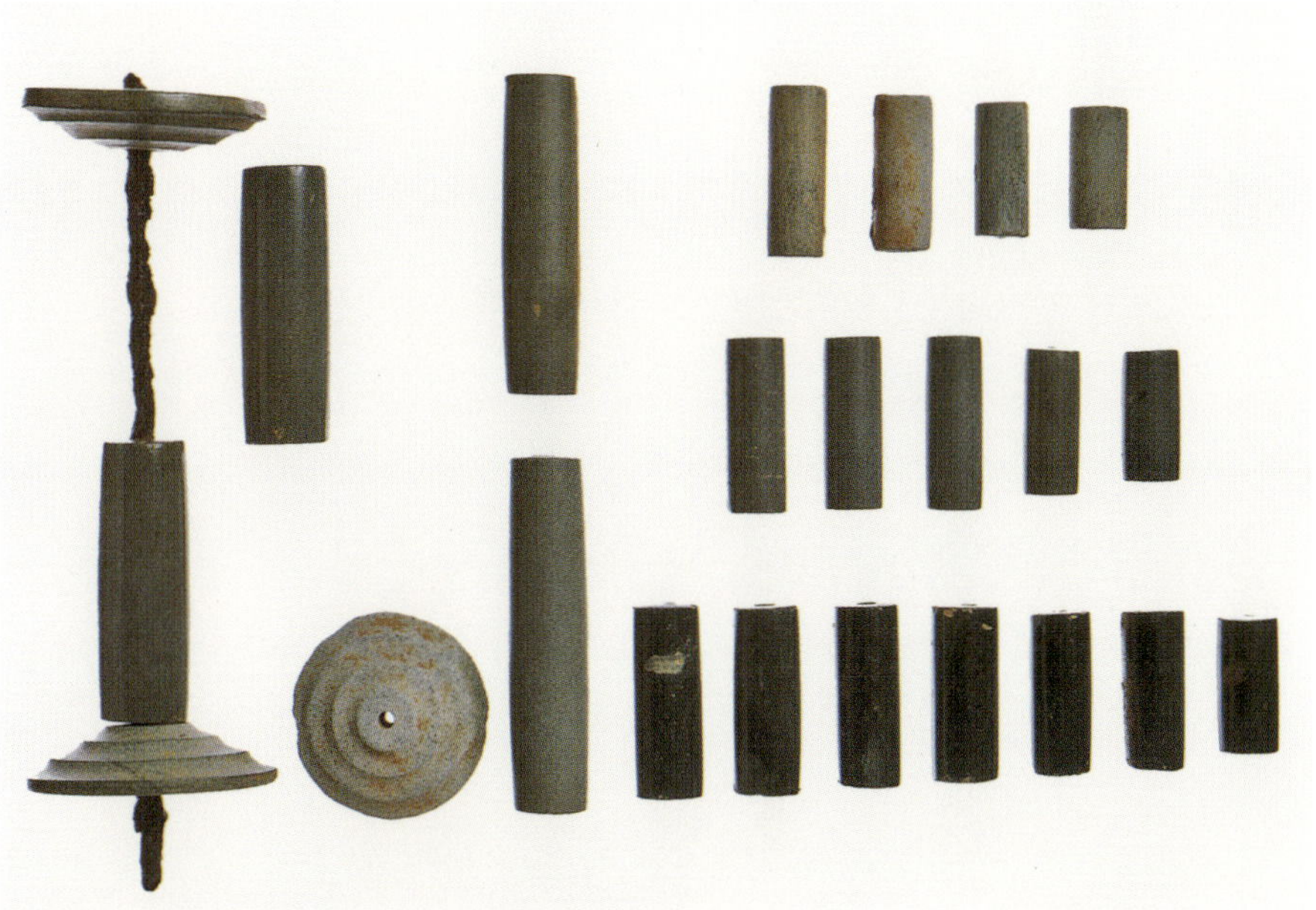

図38●紡錘車形石製品（左）と大型管玉状石製品（右）

一六個がほぼ直線上に並んで出土し、穿孔が三～五ミリの細さなので、玉杖などの部品とは考えにくく、木製弓の弦に管玉を通して石製鏃に対応させて埋納したのではないかと考えられた。

銅鏃と石製鏃

銅鏃は総数二三六本を数え、すべてが柳葉式に属し、茶臼山古墳とは異なり鉄鏃はまったく含まれない（図39）。

それらには、矢柄を装着していた痕跡のわかるものが多く、矢の状態でおさめられていたと復元できる。その出土位置は、石室中央から南よりに集中し、両側壁沿いに添えられたAからF群と、南小口部に散乱した状態のG群とに分けられる（図35）。A群四九本、B群二一本、C群一九本、D群一六本、E群一四本、F群八四本、G群三三本となり、靫《ゆき》におさめられた単位を想定すれば、A・F・G群では複数の群が重複していた可能性がある。

報告書では、大きさによって銅鏃を三つに分類している。Ⅰ型は鏃身の長さ五・五センチ以上、幅二センチ以上、Ⅱ型は長さ四センチ以上、幅二センチ以上で、それ以下のものはⅢ型とした。これを各群にあてはめると、A群ではⅠ～Ⅲ型、B・F群ではⅡ・Ⅲ型が混在するが、C・D・E・G群では、おもに小さなⅢ型で占めるという傾向がみられる。

そして石製鏃は、銅鏃の各群とは別の北小口付近にまとまっていて、その多くは北に鏃を向けて置かれていた。これは、鉄製矢の向きと同じである。

石製鏃は、いずれも軟質の緑色凝灰岩製で、柳葉式三〇本と鑿頭《のみがしら》式二〇本の二種のみであ

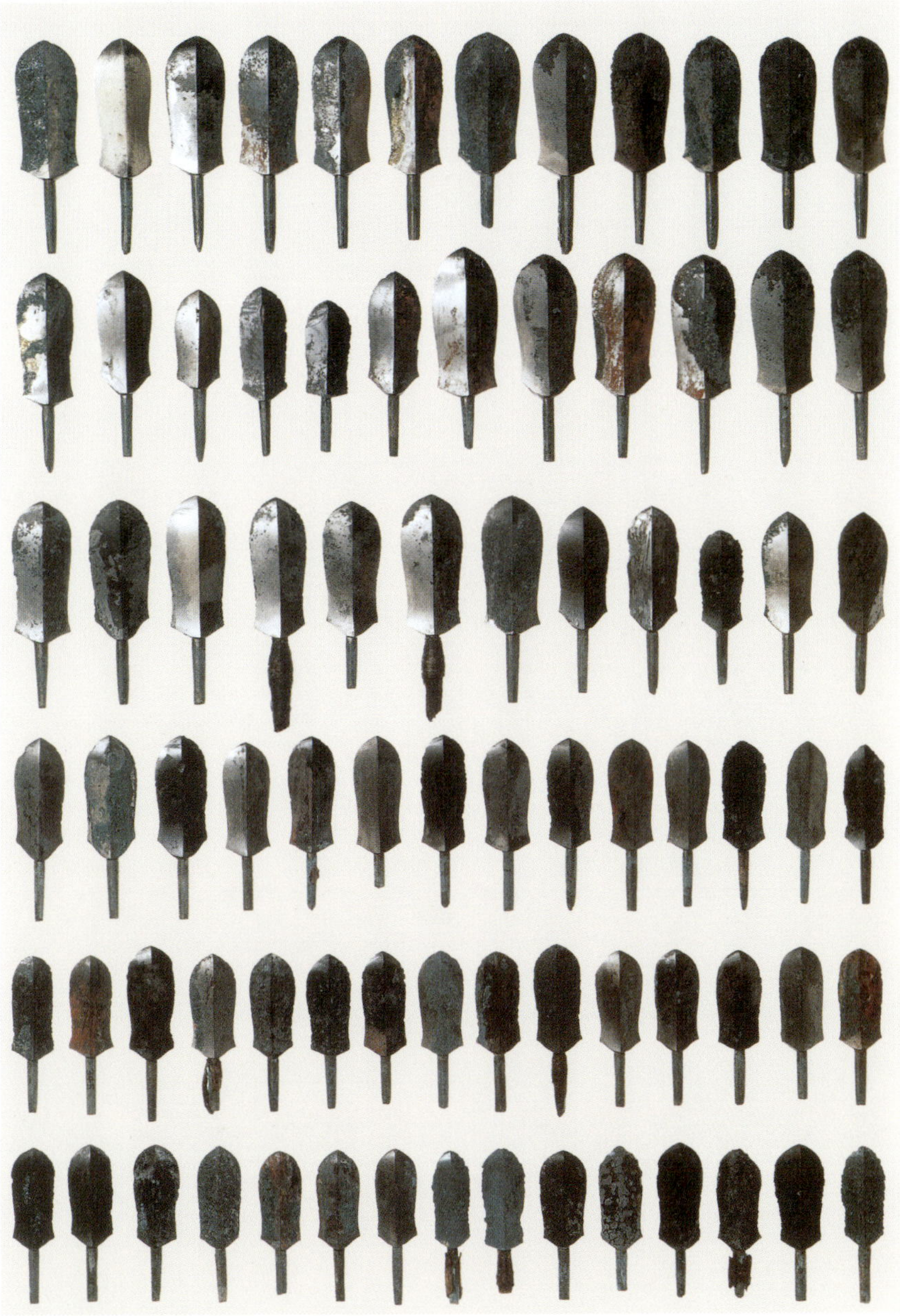

図 39 ● **銅鏃**
メスリ山の銅鏃は状態がよく、銀色に光っているものが多い。

る（図40）。柳葉式の鏃には、長さ一四・六センチと一二・七センチの大型品を含み、その形は必ずしも一定ではない。これにくらべて、鑿頭式の鏃は断面長方形で、多くは長さ六～七センチの間におさまる。これらも、矢柄に装着された痕跡のあるものが多く、かりに儀式用であっても、銅鏃と同じように矢として使用されていたとみられるので、ここでは報告書にならって石製鏃の名称を使う。

鉄製弓矢

報告書には、「常陸風土記香島郡の項に香島之宮に奉幣したものに鉄弓二張、鉄箭二具の記事がみえるが現実に鉄製の弓が出土したのはメスリ山古墳が唯一のものであろう」と記す。

弓（図41左）は、全長一八二センチ、太さ二・二×二・四センチ、その断面形は背が半

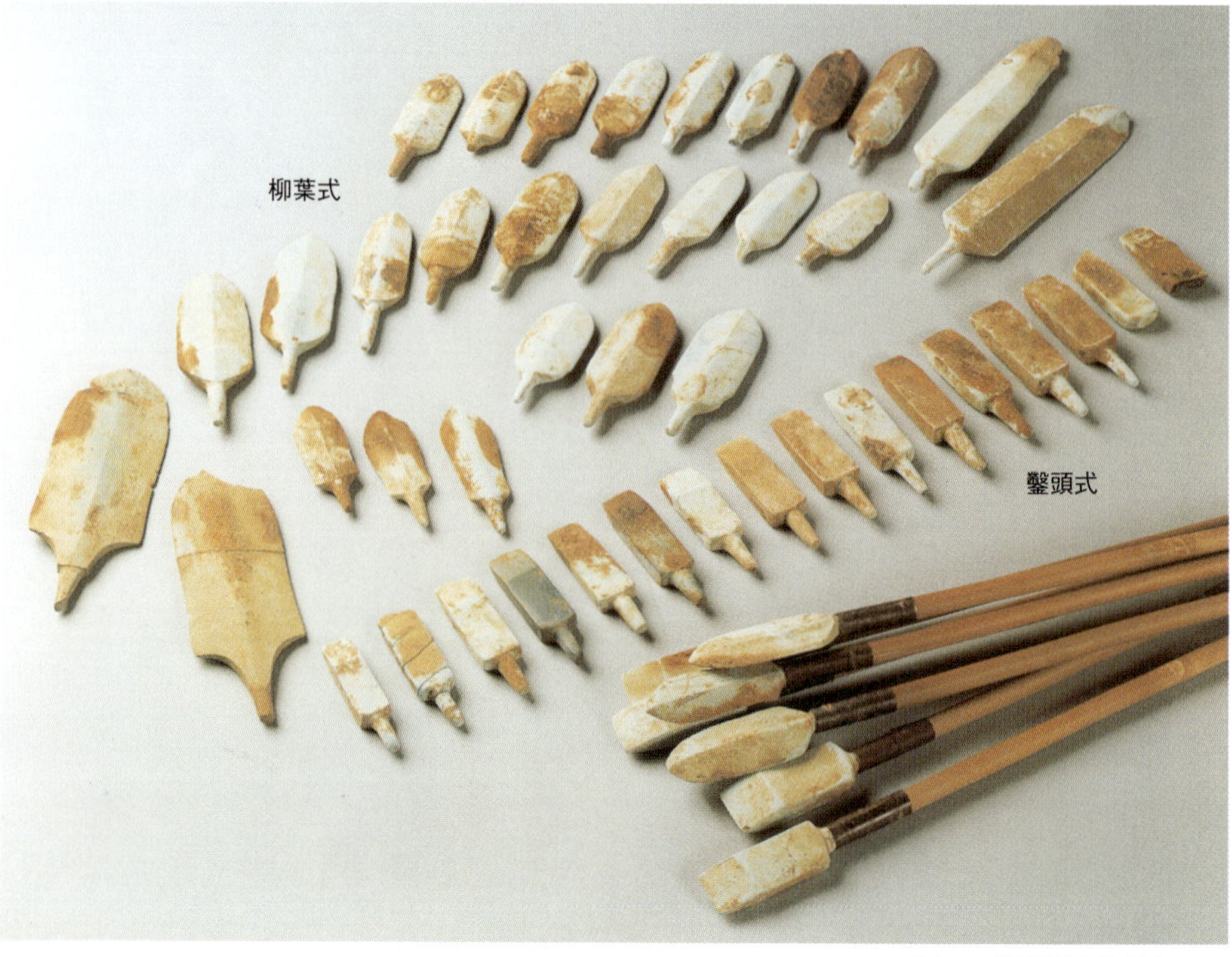

図40 ● 石製鏃と復元矢

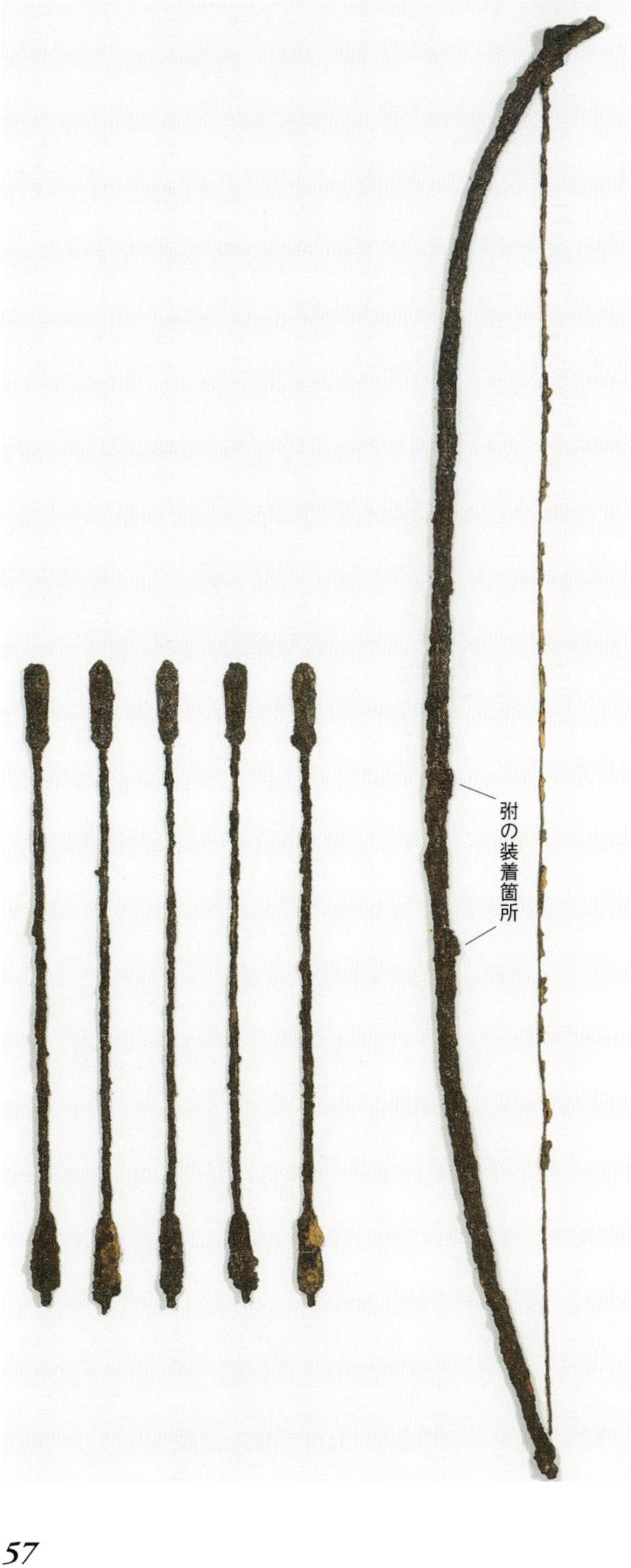

図 41 ● **鉄製弓矢**（左）
銅製弣（右）
鉄弓の中央内側に、弣の装着用の突起が二カ所ある。

円形になる。径二ミリほどの細い針金状の弦が部分的にのこっているが、弓身との接続法はよくわからない。

弓の下端＝本弭《もとはず》から六五～九〇センチの間に、手に持つ弣《ゆづか》の部分があり、やや太い突起が二カ所に見られ、その長さとゆるやかな曲面が銅製弣（図41右）とぴったり合う。その金具は、長さ二六・八センチの短冊形で、両端の幅は三・二センチ、両端に各二本の円棒が挿入されていて、それに糸を通して弓に装着したようだ。

五本の矢は、矢羽まですべて鉄製で、いずれも長さ八〇センチ、柳葉形の鏃に二枚羽の矢羽を表現する。

この鉄製弓矢とともに、碧玉と銅製の鏃の矢が副葬されていたのだから、それらにも弓がともなったと考えるのが自然だ。その多くは木製弓だろうが、先のように管玉状石製品を弦に通したものを含む可能性もありうる。そして、このように多様な弓矢がおさめられた背景には、儀式用の武器ということから儀仗兵の存在を連想させる。さらに、これらの下に置かれた二一二本以上の槍は、実戦用の武器とみられるため、両者をあわせて強力な武力を表現したと読みとれる。

鉄製武器

刀（図42左）は、長さ一一五センチ、刃幅三～三・六センチ、平造りの刀身で、刃先を直線的につくるカマス切っ先になる。

槍（図42右）は、柄に黒漆が塗られていて、槍先を南北交互に向けておさめられていた（図35）。現在では、鉄槍先をのこすのみで、その総数は二一二本以上を数える。柄の拵《こしら》えは、柄の先端が突出する呑口式《のみくちしき》と、それが突出しない直線式があり、X線写真で目釘穴のわかるものが多い。槍身の長さは、一八・三センチから六二センチまであるが、呑口式は三六～四八センチ、直線式は二八～四一センチに集中する傾向がある。

鉄製農工具（図43）

鉄斧は、鉄板を曲げて斧の形にした軽量のものと、柄を挿入する袋部から刃先まで厚くつくられたものとがあり、この違いは手にとるとはっきりわかる。

鑿《のみ》は、基本的に平鑿と考えられ、一本が袋部を

図42 ● 鉄刀（左）と槍先（右）

つくるほかは、茎《なかご》の端を柄にさす構造である。最長では、長さ二九センチ、刃幅一・六センチあり、ほかに細く短いものも含む。

鉇《やりがんな》は、大小二種類あり、長さ二〇センチ以上、刃幅二センチほどのものと、長さ一五センチまでで、刃幅一センチまでの小型品に分かれる。この傾向は刀子にもあてはまる。

鋸は二本あり、長さ一六・六センチ、幅三センチ、上辺の左右端に横方向の木目が残り、これが柄を装着していた痕跡になる。

手鎌は長方形の上辺両端を内側に折り曲げ、そこには横方向の木目が残る。長さ七センチ前後の大きさが主である。このほかに、断面が丸く針のように尖った針状工具がある。

また、異形鉄器には二種類の形があり、X線写真で小さな穿孔があるのがわかる。基本的には、上部は薄い鉄板で下に茎状のものがつづく。

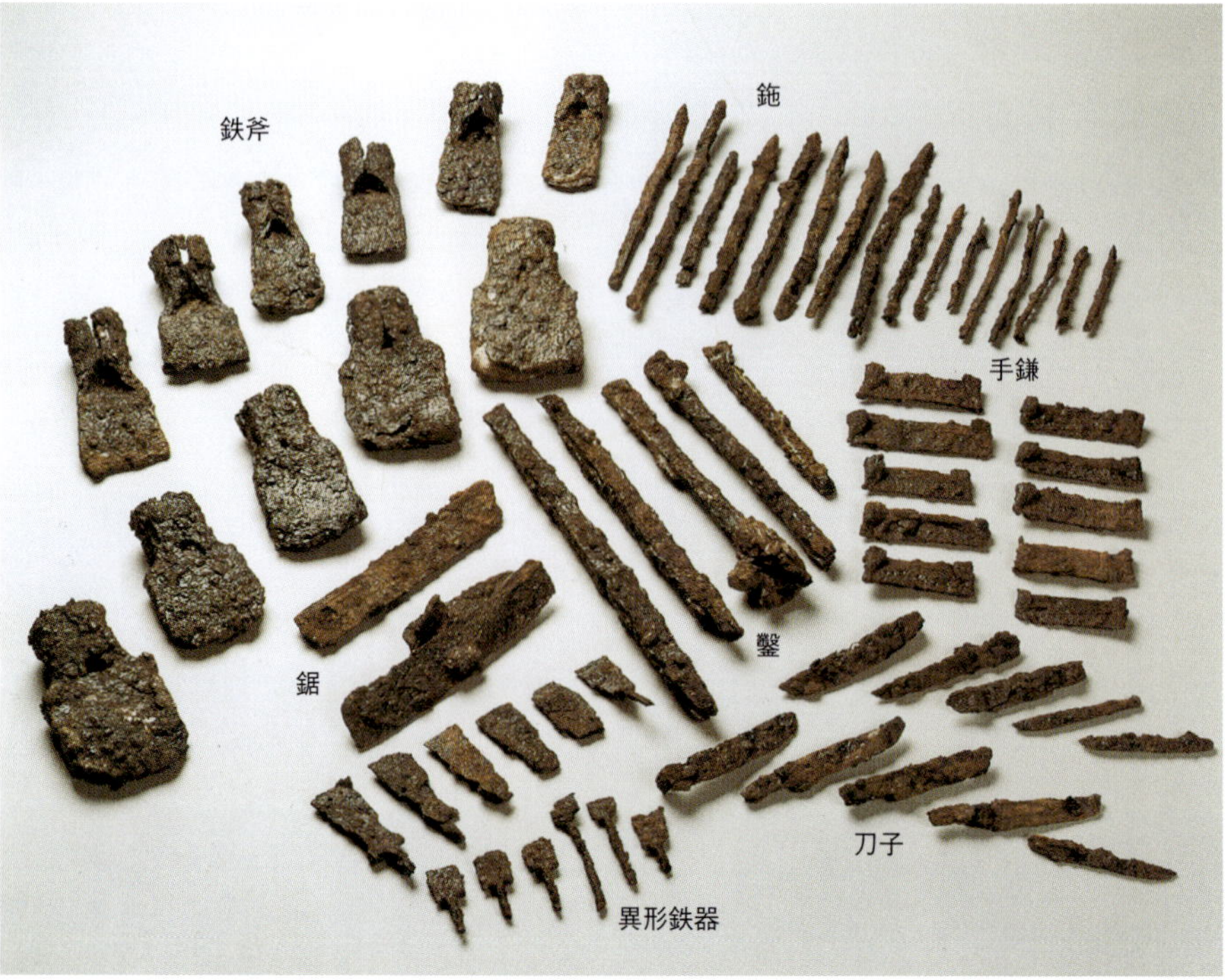

図43 ●鉄製農工具

第４章　二つの古墳の背景をさぐる

1　箸墓とは異なる構造の墳丘

古墳の立地

茶臼山古墳とメスリ山古墳の調査からわかったそれぞれの特徴について、まとめておこう。

まず、古墳の立地は共通しているわけではない。茶臼山古墳は丘尾切断によって墳丘が築造されているが、メスリ山古墳の場合は、南からのびる尾根筋の端部で東西方向の尾根を利用して築かれている。つまり、メスリ山古墳は北の平坦部から見ると、独立丘陵上に築かれたような目立った古墳といえる。このような効果は、古墳の側面を北側に見せているからである（図44）。

それにくらべて茶臼山古墳の場合は、一九五四年の航空写真（図６参照）を見ると、古墳の東と西の両側に南からの尾根がのびていて、北の広い平坦地からはおもに後円部をながめることになる。比較的目立って見えるのは東からのながめであり、初瀬谷から西へ向かって歩いてくると、その墳丘側面が大きく見える。

古墳の眺望という点では、箸墓古墳やそれにつづく西殿塚古墳のように、遠くからでもその姿を見ることのできる古墳にくらべると、茶臼山古墳の場合は、とくに東からの人びとの目を意識してつくられた古墳として性格づけられる。このようなところに、纒向・大和《おおやまと》・柳本の各古墳との性格の違いがあらわれているようだ。

箸墓とは異なる墳丘構造

茶臼山古墳もメスリ山古墳も、ともに墳丘は柄鏡形の墳形を採用しており、箸墓古墳（図45上）や西殿塚古墳（図58参照）のように前方部端が撥形《ばちがた》に開く墳形とは異なる。墳丘の段築造も、先行する箸墓からの影響は感じられず、よりシンプルな墳丘構造に仕上げられている。

図44 ● メスリ山古墳（北より）

両古墳の段築のつくり方は、茶臼山古墳の墳丘を丘尾切断によって築くように設計された際に、自然地形を利用する過程で考案されたものと考えられる。段築は、前方部二段、後円部三段で、二段までの前方後円形の墳丘上に後円部のみ三段目をのせる点で共通する。この墳形は特異なもののように感じられるが、このような前方部と後円部の段のとり付き方は、柳本古墳群の渋谷向山古墳（図45下）に受け継がれると、豊岡卓之《とよおかたくし》氏は指摘する。

なお、岸本直文《きしもとなおふみ》氏は、茶臼山古墳やメスリ山古墳の「相似墳」として京都府椿井大塚山古

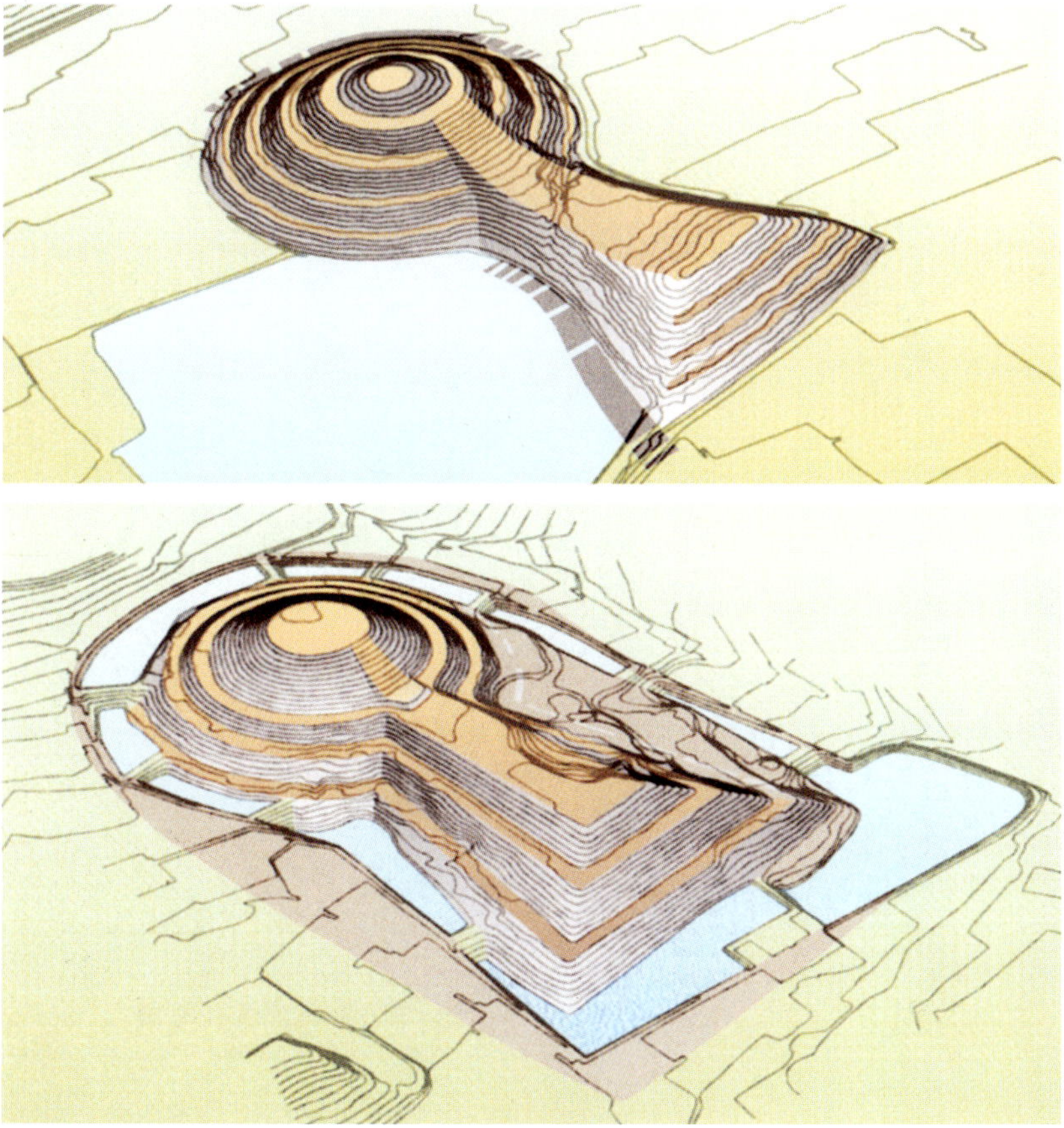

図45 ● 箸墓古墳（上）と渋谷向山古墳（下）の墳丘構造

墳などをあげており、年代も近いと考えている。

立ち並ぶ埴輪

ともに後円部の墳頂部に方形区画があり、そのなかの方形壇の下に埋葬施設がある。茶臼山古墳では二重口縁壺が方形にめぐり、メスリ山古墳では円筒埴輪と大型の特殊円筒埴輪・高杯形埴輪が並べられていた。

西殿塚古墳では、後円部の墳頂部に特殊器台・特殊壺が集中して置かれるが、墳丘には円筒埴輪が並べられていて、この段階に円筒埴輪列が成立し、同時に埴輪の量産に対応できる工人組織の整備がはかられたのだろう。そして、埴輪の配列状況と、墳丘に普通円筒埴輪が並ぶことから、メスリ山古墳はそれにつづく段階に位置づけられる。

このような大型古墳の築造には優秀な技術者が集められたと想定でき、二メートル以上の大型埴輪も、そのような環境のなかで生み出されたと考えられる。ただ、その製作に困難がとも

図46 ● メスリ山古墳の高杯形埴輪と円筒埴輪の組合せ
円筒埴輪の上に高杯形埴輪がのっている。この高杯形埴輪は図47の纒向遺跡出土の木製高杯の形に近い。

なったことは容易に推測できるため、このような大型埴輪の製作は、以降の古墳には受け継がれなかったのだろう。

なお、メスリ山古墳の埴輪のなかに高杯形が含まれている（図46）。壺と器台から円筒埴輪や壺形埴輪・朝顔形埴輪へと変遷をとげることからいえば、同様な容器が早い段階で埴輪化したのは自然な流れだろう。このように、墳頂部に集中する埴輪は、いずれも飲食物供献儀礼につながる器種であり、この段階の埴輪祭式の主題がそこに表現されているとみることができる。ところで、この高杯形埴輪のモデルになったのは、纒向遺跡の出土品（図47）などとくらべると、土器ではなく祭器としての性格が強い木製高杯であったと考えられる。

石室構造の格差

埋葬施設は、ともに竪穴式石室に木棺をおさめている。その床構造は、木棺をすえるための粘土棺床があるメスリ山古墳（主室）にくらべると、茶臼山古墳の石室には板石が敷かれているが、木棺の重量でそれが沈んだようになっていて、基礎工事が不十分であったと考えられる。

これまでに、大和《おおやまと》・柳本古墳群のなかで同様な前期古墳の調査

図47 ●纒向遺跡の木製高杯と土師器高杯など

例がある。そのなかで時期のもっともさかのぼる天理市中山大塚《なかやまおおつか》古墳では、明確な棺床の施設はなく、石室床面に直接木棺を置き、棺を安定させるための粘土が周囲にみられる程度の簡単なものである。そして、天理市下池山古墳・黒塚古墳の段階には、石室の安定と排水のための礫敷きなどの基礎工事の上に、棺の範囲全面に粘土棺床が設置されている。このように、石室の床構造の違いは古墳の時期差を反映しているといえるだろう。

なお、墳丘長が一〇〇メートル級のこれらの古墳の石室は、いずれも天井部分が狭くなる合掌式の石室だが、二〇〇メートル級の茶臼山・メスリ山古墳では、左右の側壁を垂直に積み上げる構造の石室を採用している。この点では、古墳の格差に対応させて石室構造を区別していたとみられる。それと同時に、同じメスリ山古墳でも、副葬品収納用の副室は合掌式の石室構造（図35参照）なので、このような使い分けもあったことがわかる。

長大な木棺と大きな竪穴式石室

ところで、この時期の竪穴式石室は、墳丘規模の違いに関係なく長大なものが造られている。メスリ山古墳の八・〇六メートル、茶臼山古墳の六・八メートルのほかに、黒塚古墳では八・三メートル、下池山古墳の六・八メートル、天神山古墳の六・一メートルなどがある。これらの石室内には、同じように長大な木棺がおさめられていて、それを可能にするために大きな石室を造ったと説明することもできる。

なお、棺材のよくのこった茶臼山古墳の木棺は、底板と側板を組み合わせた構造になる可能性を先に考えたが、ほかの例では、粘土棺床に残る痕跡をもとに、くり抜き式の割竹形木棺を想定するのが一般的だ。それらの棺内のようすをみると、たとえば天神山古墳の木棺では、中央の鏡が集中する範囲の両側に仕切り板が残っていて、その北・南側にも埋葬ないし埋納のための空間があったと想定できる（図48）。このような空間利用が普及していたと考えられるが、木棺の遺存状態が良かった下池山古墳では、全長の二分の一ほどのその中央部分のみくり抜いて、のこりはくり残していたことがわかった。これと同様の例がほかにもある可能性は十分考えられ、この場合は、埋葬や埋納のための広い空間を確保するという直接的な用途よりも、長大な木棺そのものが必要とされたと考えられる。その木棺をおさめた石室上面を粘土で密封することもあわせて、辟邪《へきじゃ》すなわち魔よけの願いをこめた、当時の人びとの死生観にかかわりがあるように思える。

図48 ● 天神山古墳の鏡と朱・木棺の出土状況

2　副葬品からみた初期ヤマト王権の性格

碧玉製の威儀具

玉　杖　二つの古墳に共通してみられる特徴的な副葬品には、碧玉製品と豊富な武器があげられ、碧玉製品ではまず玉杖に注目できる。

茶臼山古墳・メスリ山古墳ともに、四種の玉杖がおさめられていたと想定できたが、それらは杖身の太さや鉄芯の有無、杖頭の形態などでつくり分けられていて、同じものは一つとしてない。つまり、それが支配者の権威を示すものであっても、その数は一本に限られていなかった。それと同時に、両古墳とも墓におさめられているため、少なくとも先代が使用したものは後継者に引き継がれなかったことがわかる。

なお、茶臼山古墳の玉杖と玉葉を組み合わせた形は、二九ページでみたように乙木・佐保庄遺跡の団扇《うちわ》・翳《さしば》形木製品によく似ている。この木製品は、古墳時代前期前半の自然流路から出土していて、その役割を終えた段階で廃棄されたのだろう。これも引き継がれることはなかったのである。

ところで、茶臼山古墳のこの形の玉杖は、別の小さな玉葉と組み合わされる一本とで少なくとも二本あったことがわかるが、すべてがこの形につくられたのではなかったようだ。それは、後につづくメスリ山古墳の玉杖に、この団扇・翳形を受け継いだものが見られないことから類推でき、威儀具としての用途は同じであっても、複数の器物がそのモデルにされていて、その造形によって保有者の個性を表示したのだろう。そのように考えれば、後継者に引き継がれなかったことの説明はつく。

弓矢形石製品　茶臼山古墳の石製品に含まれる弭形《ゆづか》と鳴鏑形品《なりかぶら》は、弓矢の部品を石でつくったものである（図49）。メスリ山古墳では、石製鏃のみで弓の部品は出土しなかった。しかし、鉄製弓矢があることからも、銅鏃とともに石製鏃に対応する弓も副葬されていたのだろう。つまり、それらを含めて、磐余の二基の古墳では、武力の象徴であり、同時に、威儀具としての弓矢の役割が重要視されていたと読みとることができる。さらに、弓矢形石製品の類例はごく限られていて、伝・天理市布留《ふる》出土品（黒川古文化研究所蔵）が知られる程度で、そこから清喜裕二氏は、弓矢形石製品が当時の為政者達にとって重要な意味をもつものであったと考えた。

なお茶臼山古墳の弓矢形石製品は、腕輪形石製品とともに軟質の緑色凝灰岩でつくられており、ともに同じ工房の製品の可能性が考えられる。これは北陸の加賀地域で産出する石材とされているが、茶臼山古墳の鍬形石・車輪石・石釧は、祖形となった貝輪の形に近いなどの初期の特徴を備えたものであり、例数の限られた弓矢形石製品とともに、石材産出地での製作を考えるよりは、石材を運んできて近隣の地で製品に加工されたと想定するほうが自然だろう。

図49 ● **茶臼山古墳出土の弓矢形石製品**
弭形品（左下）と鳴鏑形品（右）。
左上は弭（ゆはず）形品か。

鉄製武器の製作地は纒向か

茶臼山古墳では鉄鏃、メスリ山古墳では主室の側壁沿いにおかれた鉄刀と副室の槍が武器の大量副葬として特筆できる。そうすると、この頃には近畿でこれらの鉄製武器の生産が始まっていたのだろうか。

まず、この時期の大和の鍛冶工房は、纒向遺跡のなかにその候補地があげられる。勝山《かつやま》地区と巻野内尾崎花《まきのうちおざきばな》地区で、ともに鉄滓《てっさい》やフイゴの羽口《はぐち》などが出土し（図50）、なかでも渋谷向山古墳の南にある巻野内尾崎花地区は居館の想定地でもあり、その区画溝にそれらが廃棄されていた。さらに、どちらの地区からも朝鮮半島の土器が出土し、勝山地区出土の羽口の断面がカマボコ形と楕円形になるのは、福岡市博多遺跡の出土品に通じるとの指摘がある。つまり、この地に伝えられた鍛冶生産の技術は、北部九州をはじめとする西日本の地域から供与されたものであり、技術者のなかには朝鮮半島からの渡来人も含まれる。ただし、調査範囲が限られているため、その操業規模など詳細については未解明である。

つぎに、鉄製武器の生産にかかわる研究では、まず古墳前期の鉄刀について、中期までの大刀は中国などからの舶載品とする考え方もあるが、村上恭通《むらかみやすゆき》氏は、多量副葬が始まるメスリ山

図50 ● 纒向遺跡のフイゴの羽口と鉄滓・砥石など

古墳や大阪府紫金山《しきんざん》古墳の段階から、列島内で画一的生産が始まるとみている。そうすると、メスリ山古墳の鉄刀の製作地の候補に纒向の工房が加わることになる。

儀仗用の武器

また、豊島直博《とよしまなおひろ》氏は前期古墳の槍を検討し、槍先の鉄本体は長さや形に多様性があるが、把《つか》は画一的な技法で製作されていることから、北部九州や西部瀬戸内などから近畿に運ばれた槍先が、大和東南部の地で柄を装着して槍としてつくられたと考えている。そして、製品の槍を各地に再配布したとして、その中心にメスリ山古墳の被葬者を想定した。

たしかに、メスリ山古墳の槍身の長さは一八・三センチから六二センチまであり、個体差がある。これらすべてが同一工房の製作とは考えにくい。なお、長さの近いものを並べた写真（図42参照）を見ると、いくつかの規格の範囲におさまるものがありそうで、それが工房の違いに対応する可能性もある。

茶臼山古墳の鉄鏃は、柳葉式鉄鏃に限るのが特徴である。中山大塚古墳や黒塚古墳では柳葉式だけではなく、定角《じょうかく》式と鑿頭式がいっしょに出土するのとは対照的だ。

なお、茶臼山古墳の肉厚の鉄鏃や銅鏃は、実用ではなく儀仗用とする考えがある。メスリ山古墳の銅鏃が、石製鏃や鉄製弓矢と同じようにあつかわれていることが、茶臼山古墳の弓矢形石製品をともなう儀仗用の弓矢と鉄鏃の関係に通じるとすれば、いずれも古墳の埋葬時には儀仗用として埋納されたことになる。

また銅鏃については、箸墓古墳に先行するホケノ山古墳でも八〇本ほどが出土しているが、そのうち形がわかるものはいずれも柳葉式であり、メスリ山古墳のように同一規格の銅鏃を副葬するのは、古墳の出現期からみられることがわかった。この状況は、この時期の銅鏃が大和で製作されていた可能性を示唆しているが、それらと同じ形の鉄鏃も、同様に考えられる。

地方に支えられたヤマト王権

このように、茶臼山・メスリ山古墳に副葬された大量の鉄製武器には、纒向の鍛冶工房の製品の可能性があるものと、槍のように複数の工房から槍先が集められて、大和で製品に加工されたものも含まれる。なお、纒向での鍛冶生産の操業に際しても、西日本の勢力からの技術供与がなされたと考えられていて、製品とともに製作技術も大和にもたらされたことになる。

碧玉製品の製作についてもこれと同様なことが考えられ、その初期の段階には石材を大和に運んで、独自のデザインによる各種の製品が製作されたと推測できる。その際に、北陸など地域勢力の協力のもと、在地の石材加工に熟練した工人が派遣された可能性がある。

こうした西日本を中心とする地域勢力からソフト・ハード両面の協力を得て、それによって支えられていた王権というものがみえてくる。これは初期ヤマト王権の成立の背景を考える際の重要な視点となる。

第5章　古代の磐余と初期ヤマト王権

1　古代の磐余

磐余の地

桜井茶臼山古墳とメスリ山古墳の位置する一帯は、古代には磐余《いわれ》とよばれていた。『日本書紀』では、宮の名に磐余がつくのは、神功《じんぐう》皇后から履中《りちゅう》・清寧《せいねい》・継体《けいたい》・用明《ようめい》の各天皇の宮であり、宮室が磯城《しき》から磐余をへて飛鳥《あすか》へ移る過程をたどることができる。

その古代の磐余の範囲について、和田《わだ》萃《あつむ》氏は桜井市谷の石村《いわれ》山口神社や磐余山東光寺の付近から、香久山の北の一帯までと想定した。さらに『倭名抄《わみょうしょう》』（平安中期に編纂された『和名《わみょう》類聚抄《るいじゅしょう》』のこと）の十市郡池上郷は、磐余池に由来する地名であり、現在の橿原市東池尻町と桜井市池之内町にまたがる池の痕跡がそれにあたると考えた（図51）。

この磐余池については、『日本書紀』履中二年一一月の条に「磐余池を作る」とあり、三年の条には、磐余稚桜宮《いわれのわかさくらのみや》の由来に関する説話のなかで、天皇が「両枝船《ふたまたぶね》を磐余市《いわれのいち》磯池《しのいけ》に泛《うか》べ」遊宴したとある。市磯池は磐余池のこととみられ、宮に関連してつくられた池であることがわかる。

なお、『万葉集』の「大津皇子、死を被《たまわ》りし時に、磐余の池の堤にて涙を流して作らす歌一首」と題する「ももづたふ磐余池に鳴く鴨を今日のみ見てや雲隠りなむ」（巻三―四一六）の挽歌から、皇子は、当時の飛鳥浄御原宮《あすかきよみはらのみや》から磐余池の堤を通って訳語田舎《おさたのいえ》に連行されたと和田氏は考えて、池の場所を先のように想定したのである。

そうすると、この磐余の範囲に含まれる大型古墳はメスリ山古墳までで、桜井茶臼山古墳は含まないことになる。ただし、考古学的にこの二基の古墳をみると、

図 51 ● 桜井南部の古墳分布

墳丘の平面形＝柄鏡形と立体形＝段築造が共通し、茶臼山古墳からメスリ山古墳への系譜的なつながりは異論のないところであり、それぞれの被葬者も共通の基盤のもとで擁立された人物が想定でき、ここでとりあげる桜井南部地域は、古墳前期の段階でまとまりのある地域としてとらえられるので、それらを指す地名として磐余の地域名を使っている。

古墳時代前期の磐余

磐余地域の古墳のうち前期にまでさかのぼるのは、二基の大型古墳と池ノ内古墳群が、発掘調査された古墳としてよく知られている。古墳の分布状況では、茶臼山古墳・メスリ山古墳ともに単独での造営である。

まずメスリ山古墳では、その西へ一・二キロメートルのところにある池ノ内古墳群との関係が注目できる。磐余池推定地の東側の丘陵上につくられた小円墳群で、それらは四世紀中葉から後半の時期に多くが築造されている。直径一〇〜二〇メートル前後の小円墳七基が調査された。二号墳の割竹形木棺をおさめた粘土槨のほかは、木棺直葬の簡単な埋葬施設に、合計五面の鏡をはじめ各種の石製品・玉・武器など、豊富な副葬品がおさめられていた。

それぞれの古墳には、個性がみられる。たとえば、一号墳（図52）は鏡・石釧・玉と農工具はあるが武器はなく、五号墳はそれらに短甲と鉄刀剣が加わり（図53）、六号墳では農工具の種類が豊富で、七号墳は多くの鉄刀剣と石製鏃が中心になっている。

このように副葬品の種類は、五号墳の短甲を除けば、メスリ山古墳の主室と副室の副葬品に

図 52 ● 池ノ内 1 号墳の埋葬施設（上）**と出土遺物**（下）
東西二カ所に木棺がおさめられていた。

共通するものが多い。これらの古墳を、メスリ山古墳の被葬者を支えた構成員の墓地と考えれば、小円墳に副葬されたこれらの品々に、メスリ山古墳の主から直接分配されたものを含む可能性も想定できる。

また茶臼山古墳では、周辺の鳥見山北麓に多くの古墳が分布するが、それらは中期後葉から後期に属する群集墳とみられていた。ところが、赤《あか》尾《お》熊《くま》ヶ《が》谷《たに》古墳群の調査で前期古墳がみつかった。これは、山麓の北東に派生する尾根筋の一つに築かれた古墳群で、調査された三基のうち二号墳（図54）が、出土土師器から布留1式期と考えられ、これは茶臼山古墳の時期に併行する。この古墳は、一五×一六メートルの方墳で、二つの割竹形木棺のうち一号棺には、二面の内行花文鏡とヒスイ勾玉・碧玉管玉・ガラス小玉が副葬され、墓壙内にも、鉄槍・鉄鏃と各種農工具が埋葬の

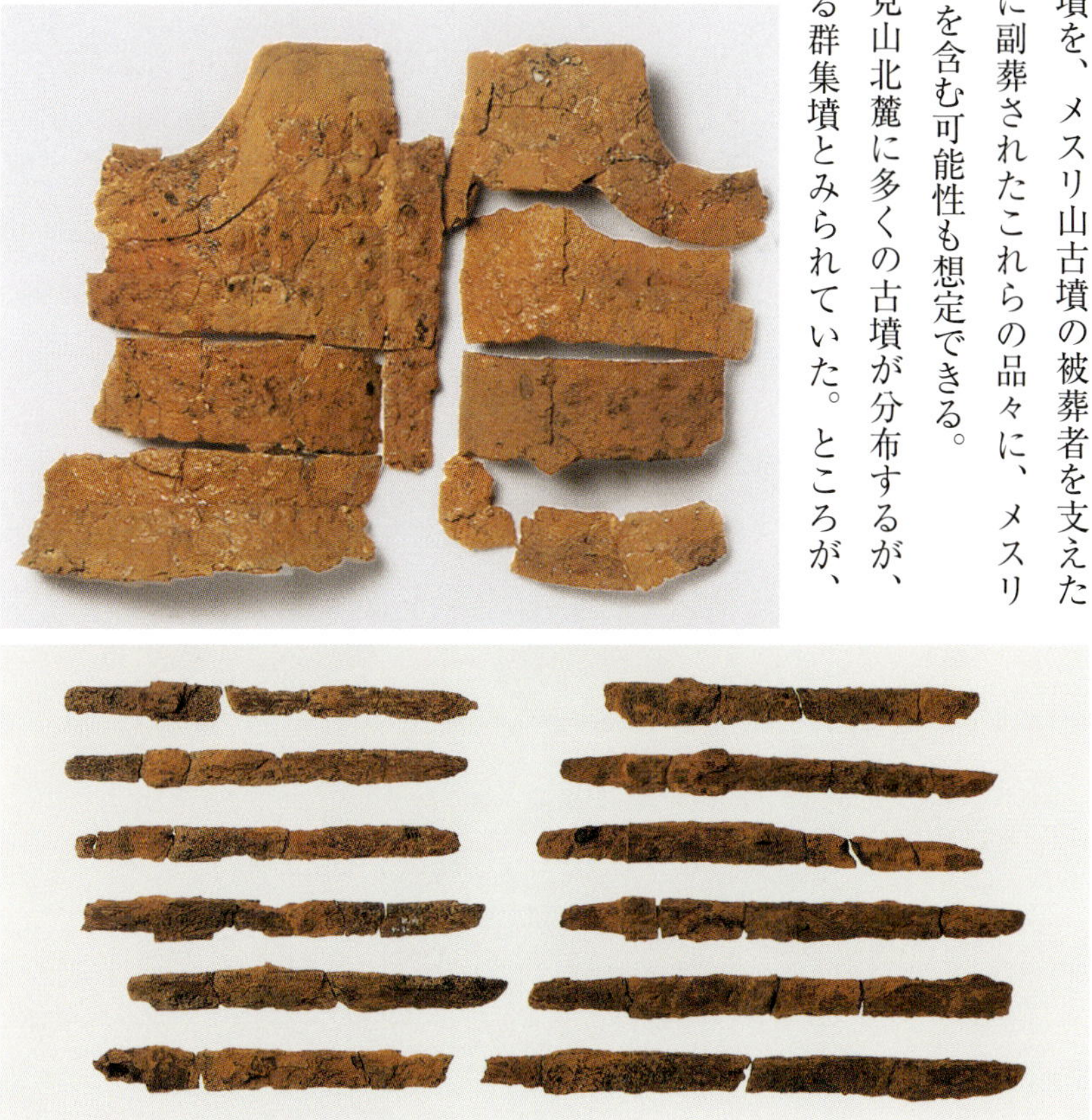

図53 ● 池ノ内5号墳の短甲と鉄刀剣

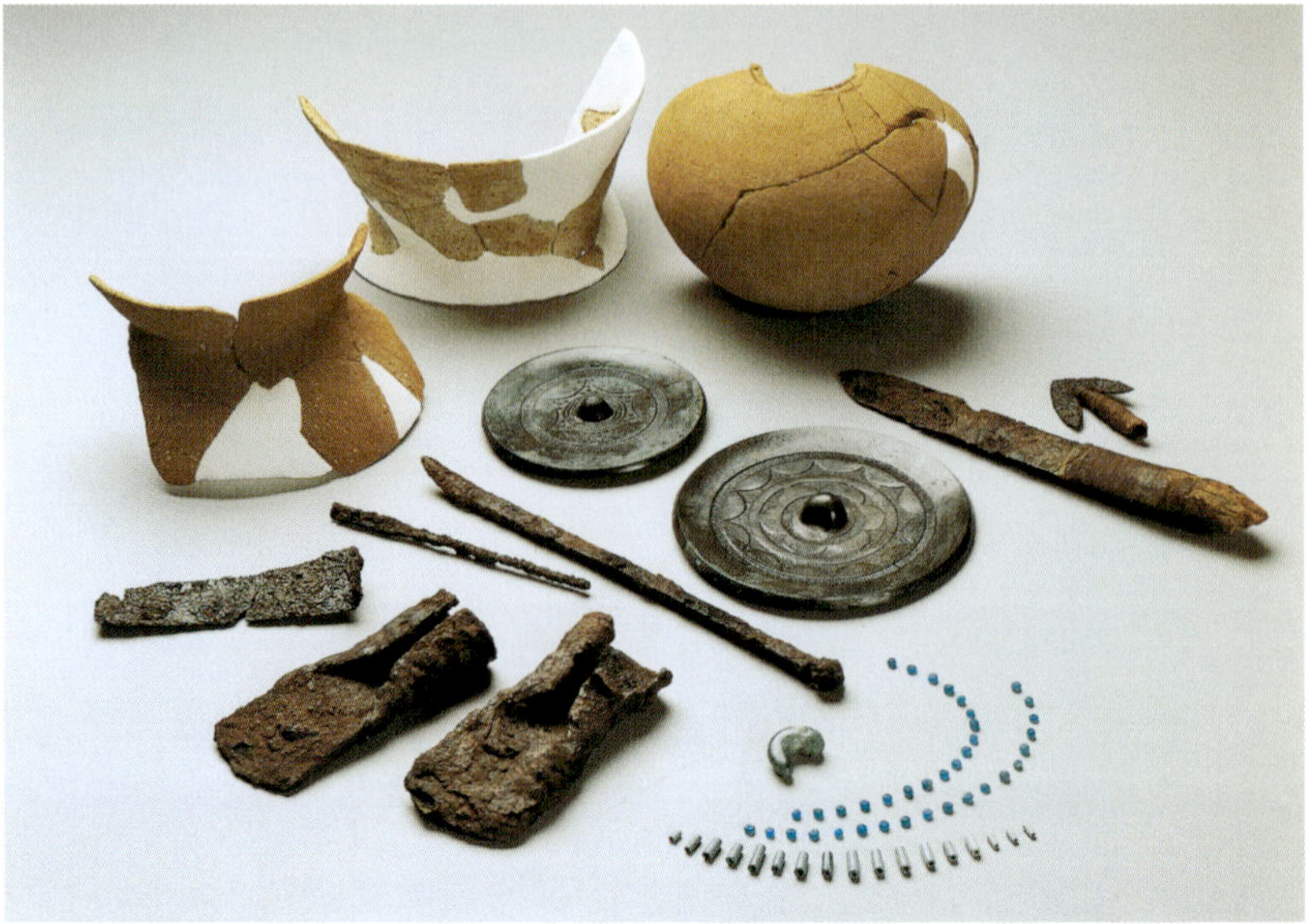

図 54 ● **赤尾熊ヶ谷 2 号墳**（上）**と出土遺物**（下）
上の写真の中央に、調査中の 2 号墳がある。

前後におさめられていた。

池ノ内古墳群も赤尾熊ヶ谷古墳群もともに、大型古墳と同じ墓域に古墳群を形成するほど上位の関係ではないものの、同じ地域内で同じ時期に古墳を築いていて、それぞれの大型古墳の被葬者に従属する集団の長の墓地とみられる。このなかでは、連続して独自の古墳群を営む池ノ内古墳群の集団のほうが、優勢な勢力であったと考えられる。

2　桜井茶臼山古墳の選地

東への視点

ところで、茶臼山古墳とメスリ山古墳は、なぜ磐余の地につくられたのだろうか。このことを探る手がかりとして、先に築かれた茶臼山古墳の位置について、あらためて考えてみよう。

この古墳は、三輪山の南の初瀬谷《はせだに》への入り口に面した位置にあり、盆地東南部から東へ抜ける交通の要衝に築かれている。のちの横大路から東へは、初瀬谷または忍坂道《おしさかみち》を経て宇陀《うだ》に通じるが、分岐する手前に茶臼山古墳がある。そして、宇陀からさらに伊賀・伊勢方面へ向かうには、長谷から榛原《はいばら》をへて青山《あおやま》越えか赤羽根《あかばね》越えになる。

宇陀から東海へ

ここで古墳前期の宇陀《うだ》地域をみると、国中《くんなか》（盆地内）の様相とは明らかに異なっていた。まず、口宇陀盆地の入り口にあたる、宇陀市榛原区の五津《いつつ》・西久保山《にしくぼやま》遺跡や能峠《ゆきとうげ》遺跡群などで、丘陵部に前期前半（三世紀後半）までの方形台状墓が集中してみつかっている。また、これらよりは規模の大きな方墳を連続して築いた宇陀市菟田野《うたの》区見田《みた》・大沢《おおさわ》古墳群には、鏡・玉・剣の副葬品をもつ四号墳（図55）が含まれていて、ほかよりは優位にあった集団の存在が想定できる。

しかし、その同じころの纒向古墳群などでは、石塚古墳やホケノ山古墳をはじめとする、全長一〇〇メートル前後の大きな円形の墳丘をもつ古墳が築かれていて、それらとは異なる宇陀独自の文化圏を形成していたと感じさせる。楠元哲夫《くすもとてつお》氏は、それを弥生墓制の延長上にある方形区画墓の段階と評価し、宇陀に本格的な古墳文化が始まるのは、鴨池《かもいけ》古墳（墳丘長四七メートルの前方後円墳ないし前方後方墳）が築かれた前期後半（四世紀中葉〜後半）からとみて、それを「中央政権の傘下に編入された証」

図55 ● 見田・大沢4号墳の鏡と勾玉・管玉

と考えた。その背景には、中央政権の東国経営を維持するために、宇陀をとり込むかたちで、ルートを確保する思惑がはたらいたのだろう。

宇陀のなかの東海

なお、宇陀市榛原区野《の》山《やま》遺跡群の戸《と》石《いし》・辰《たつ》巳《み》前《まえ》遺跡では、布留０式期に辰砂《しんしゃ》の精製にかかわる石《いし》臼《うす》・石杵《いしぎね》や木製槽《そう》と、辰砂・ベンガラの付着した多くの土器が出土した。土器には、国中からのものとともに、東海地方の甕も目立ち、盆地東南部と東海との間を中継する役割を宇陀がはたしていた状況がよみとれる。同様なことは、大王山九号墳（台状墓）の東海につながる加飾の二重口縁壺にもみられ（図56）、宇陀のなかの東海にあらためて注目できる。

宇陀の独自性という視点でとらえると、尾張などの東海地方との関係を背景に、一定の距離をおきながらヤマトとの関係を維持していたと考えられる。このときの重要な要素は〝宇陀の朱〟である。

そのような状況下での茶臼山古墳の選地は、東国を重要視

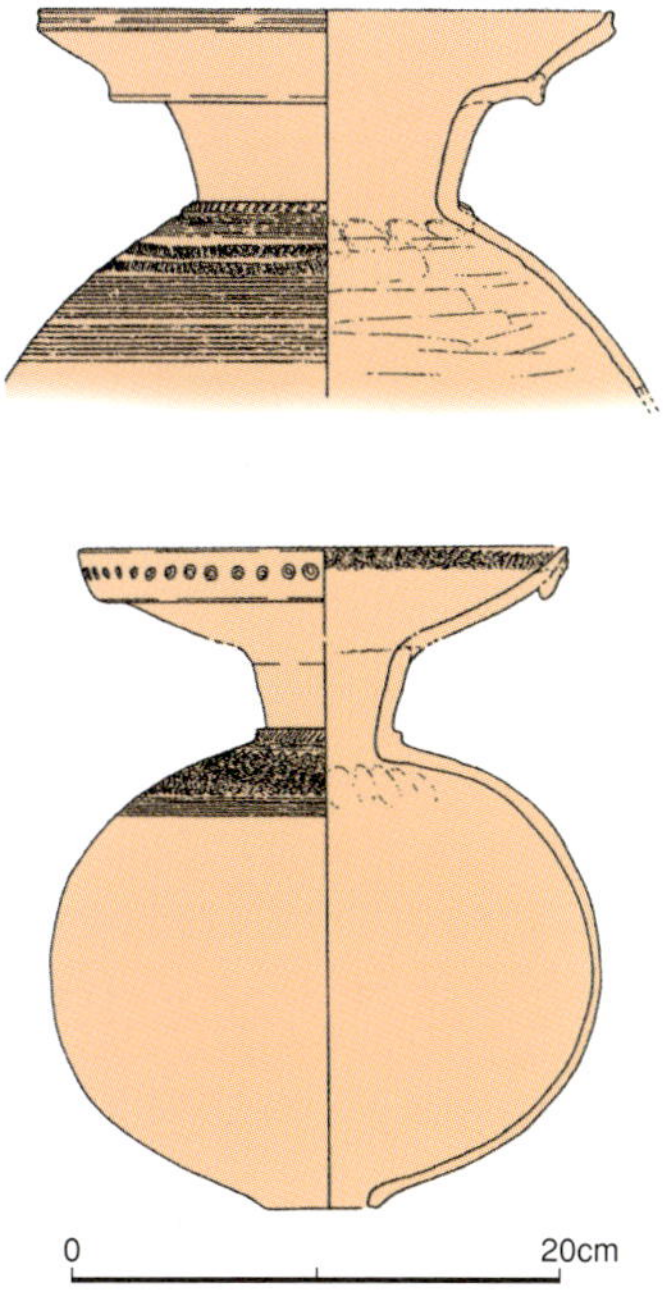

図 56 ●大王山９号墳の土師器壺（左）とその実測図（右）

する初期ヤマト王権の姿勢を象徴しているといえる。

茶臼山古墳築造のベースキャンプ

これに関連して、茶臼山古墳の北の沖積平野にひろがる城島《しきしま》遺跡外山下田《とびしもだ》地区（古墳前期の集落遺跡）の調査は注目できる。調査地の南端近くに、径一〇メートルほどのくぼ地があり、そこに自然木とともに長柄鋤《ながえすき》約四〇本、鍬《くわ》約二〇本、天秤棒《てんびんぼう》九本などの木製土木用具がまとまっていて（図57）、日常の生活用具や祭祀具は含まれない。そして、これらにともなった土器は、東海をはじめ河内・山陰・近江などの地域の特徴をもつ、口径が三〇センチ近い土師器甕の大型品が目立っていた。これらの出土地点は、茶臼山古墳まで三五〇メートルほどの至近距離にあり、調査者の清水眞一《しみずしんいち》氏は、この遺跡は「土木現場の飯場的様相」が強く、時期が近い茶臼山古墳の築造にかかわったものと想定した。

そのように考えたときに、他地域の土器の多さが注目できる。東海系土器の比率が高く、それに河内・山陰・近江系土器がつづくというのは、纒向遺跡で出土した他地域の土器の地域ごとの比率に近いことを思い起こさせる。そうすると、茶臼山古墳の築造に際して、纒向の周辺に居住していた人たちが動員されたと考えられ、さらに、古墳の立地が東からヤマトへの入り口に位置し、東国とかかわり深い王墓であったことから、とくに東海地域の人たちが積極的に加わったとみることもできる。

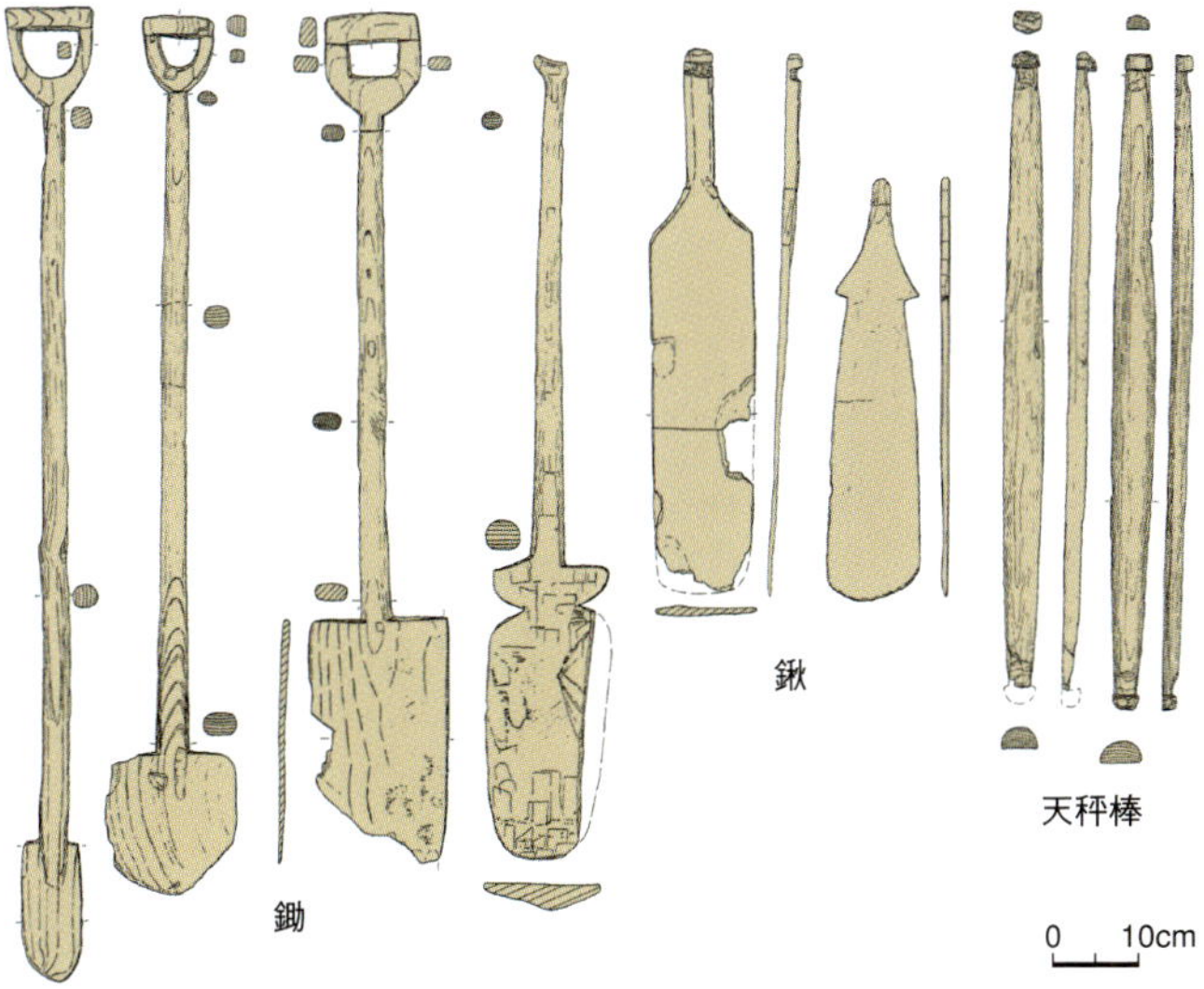

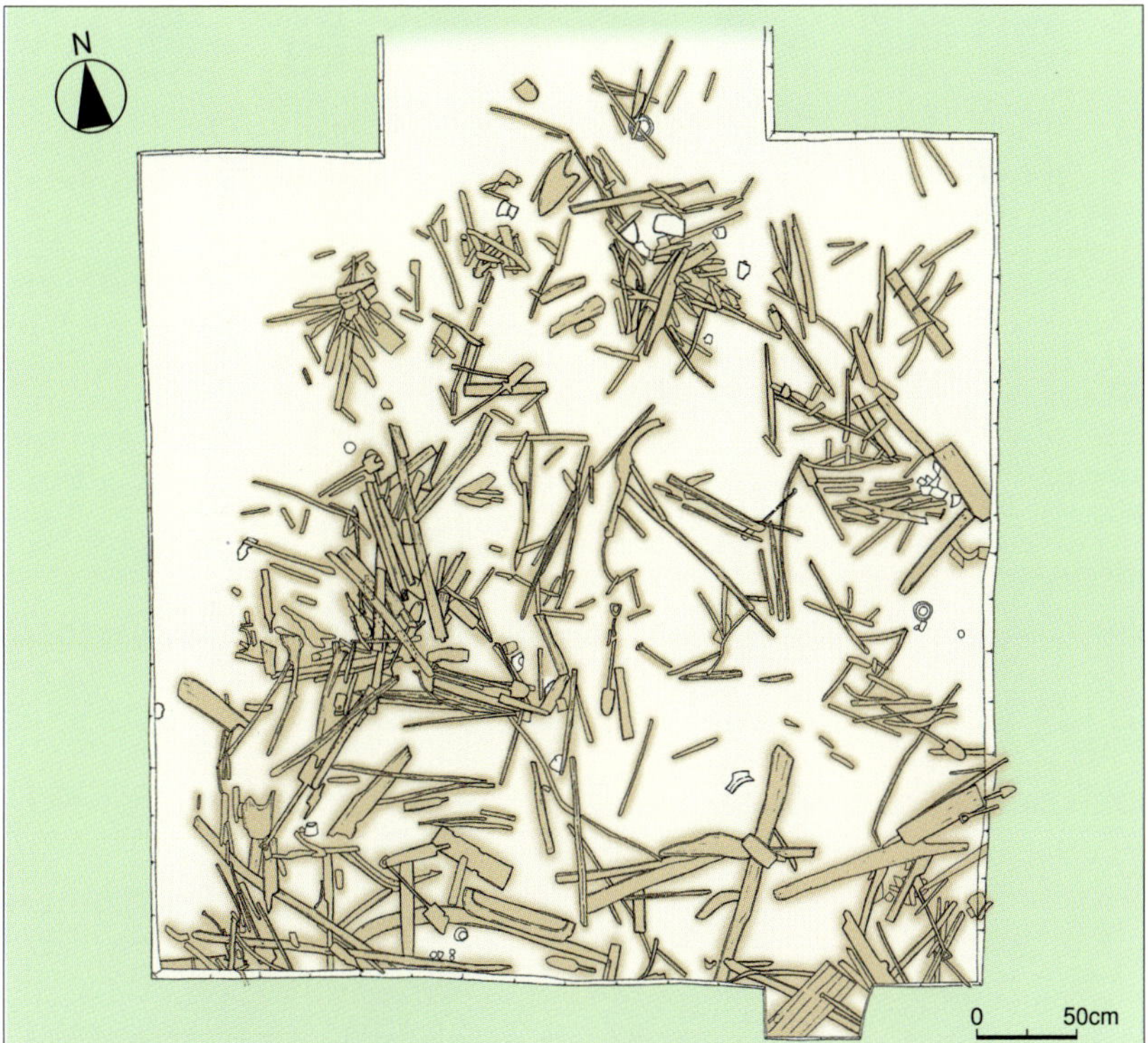

図 57 ● 城島遺跡の木製鋤・鍬と天秤棒（上）と木製品の出土状況（下）

3　磐余の王墓の性格

纒向・大和・柳本の古墳群

それでは、茶臼山古墳とメスリ山古墳は、どのように性格づけられるのだろうか。まずは、北の纒向・大和《おおやまと》・柳本古墳群の大型古墳との関係をみておく。

奈良盆地の東南部に築かれた最初の大型古墳、箸墓古墳に先行するか同じ時期の古墳として、ホケノ山古墳と纒向遺跡内の各古墳が注目される。それらの古墳の墳形は、後円部にくらべて低く小さな前方部が付くのが共通した特徴だが、前方部の形態や葺石・周濠の有無など、調査が進むにつれて、それぞれの古墳の構成要素が一様ではないことがわかり、前方後円墳が定型化するまでの多様さがそこにあらわれている。

これらはいずれも墳丘長一〇〇メートル前後の大きさであり、箸墓古墳の墳丘長二七六メートル、後円部径一五七メートルという規模はそれらにくらべて突出して大きい。そして箸墓古墳につづいて築かれた大型古墳は、北の大和古墳群の西殿塚古墳（図58）、柳本古墳群の行燈山古墳、渋谷向山古墳、さらに、磐余地域の桜井茶臼山古墳とメスリ山古墳がある。

これらのうち、箸墓古墳と大和・柳本古墳群の三基の大型古墳は、前後に連続する一〇〇メートル級の前方後円墳とともに古墳群・支群を形成していて、それぞれの盟主墳に位置づけられる。さらに、それらの古墳群に隣接する纒向遺跡と柳本遺跡群、乙木・佐保庄遺跡は、ともに大型古墳の築造に並行して営まれた集落と考えられ、箸墓古墳以降は、盆地東南部に拠点を置いた複数の有力集団による政治連合によって、王権が維持されていたといえる状況にある。

西と東の連立政権

さらに、これらの集落には他地域からもち運ばれた土器が目立つ。これに似た現象は、最初のころの前方後円墳を構成する主要な要素にもみられる。たとえば、吉備地方に起源が求められる埴輪と東海系の壺をはじめ、葺石は四国東部の積石塚に通じ、埋葬施設の竪穴式石室の構造は吉備地方などに系譜が求められる。さらに、副葬品の鉄製品や石製品の製作技術・製品の多くが各地からもたらされたことは、先にみたとおりである。つまり、それらの地域の人びとが集まって、王の墓を共同でつくりあげたのであり、ヤマト王権が大和の地に成立した頃の事情がそこに表れている。

大和以西のいくつかの地域と東海の勢力が結集して、連立政権をつくったことの証を記念碑にしてのこした、それが最初の大型前方後円墳の箸墓古墳だと言えるだろう。

あらためて纒向遺跡から出土した他地域の土器を見ると、甕などの日常容器とともに彩色をしたまつりの壺などの土器が目立っている。

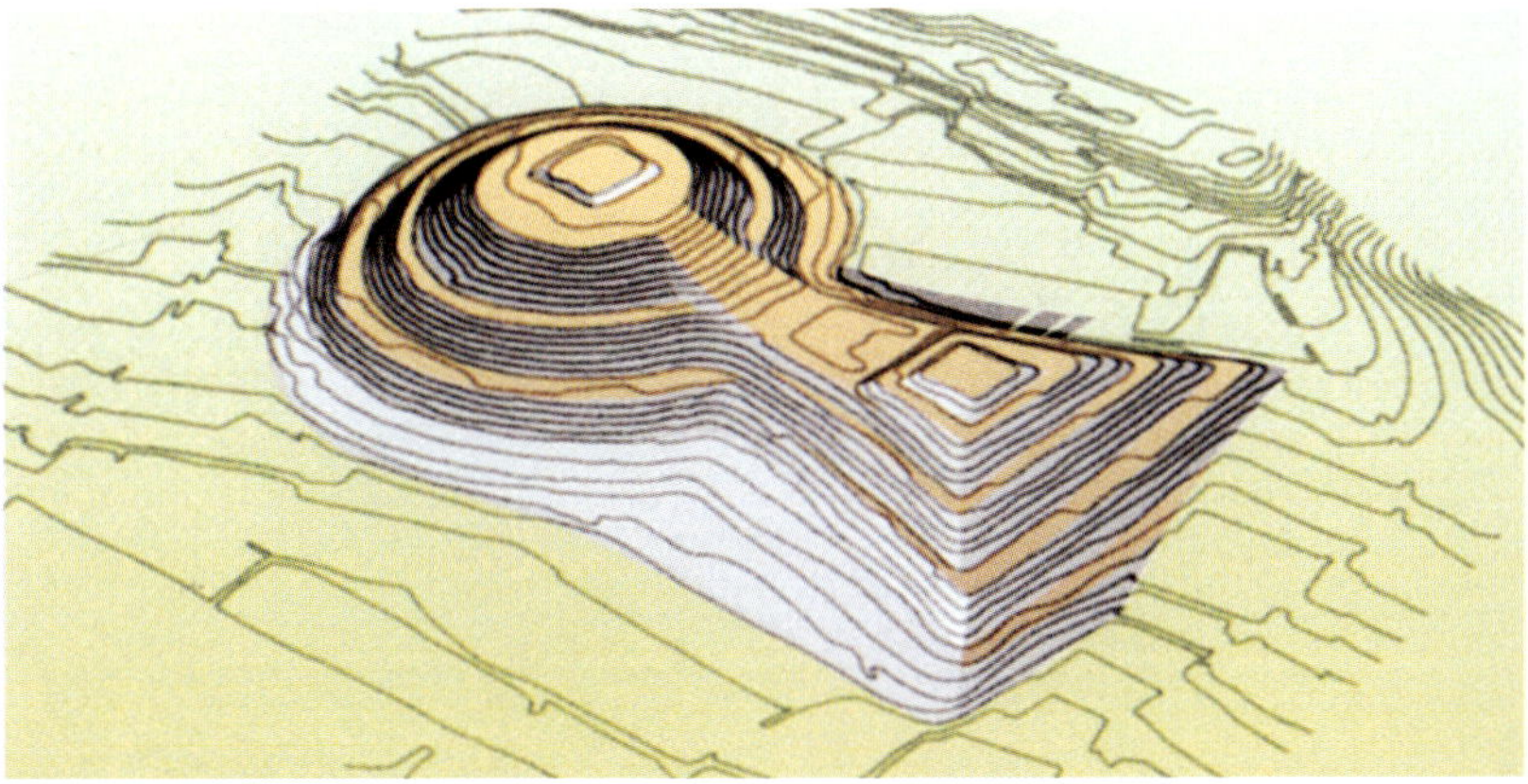

図58 ● 西殿塚古墳

そこには、祭祀・儀礼に参列した各地の人びとの姿がイメージでき、新しい王権を構成する一員として彼らの果たした役割の重要さが見えてくるのである。

磐余の王墓の性格

これら纒向・大和・柳本古墳群の六基の大型古墳の系列については、本書の最初にその主要なものを紹介しておいたが、つぎのような解釈がある。

①箸墓古墳―西殿塚古墳―桜井茶臼山古墳―メスリ山古墳―行燈山古墳―渋谷向山古墳
②箸墓古墳―西殿塚古墳―行燈山古墳―渋谷向山古墳
③箸墓古墳―西殿塚古墳―行燈山古墳
　　桜井茶臼山古墳―メスリ山古墳―渋谷向山古墳

まず、白石太一郎《しらいしたいちろう》氏は、盆地東南部の前期大型古墳の立地・墳形・周濠形態・副葬品の組合せなどから、その変遷を①のように想定した。そして、それらを「各地の政治勢力の連合体である初期ヤマト政権の盟主墓」と位置づけた。このように、大王墓の変遷を一系列に理解する研究者は多く、これが主流となる考え方としていいだろう。

なお、広瀬和雄《ひろせかずお》氏のように、茶臼山・メスリ山古墳を大王墓の系列から除外する②の立場もある。つまり、この二基が、ともに前方部が撥形ではなく柄鏡形であり、周濠をめぐらさないのは「大王墓の変化の流れから逸脱している」とし、さらにともに単独で築かれ、盆地の周縁部に位置する立地条件から、被葬者を「傍系の地位」にあった人物と想定した。

この考え方に対して白石氏は、その墳丘規模と、これら六基がいずれも年代差をもつと考えられること、さらに、それぞれの墳丘形態の変遷はこの二基があることでスムースにあとづけられるとして、否定的な立場を示した。

さらに、天野末喜氏は、茶臼山・メスリ山古墳が「柄鏡形の墳丘を実現させた」という点を評価した。つまり、大王墓の条件として、同時期の古墳のなかで圧倒的な規模をもつことと、墳丘規模が劣る場合でも、「新しい企画」を実現させ、以降の大王墓に影響を与えた画期的な古墳も加えるとし、この二基の古墳も大王墓の候補に含めて考えた。この視点は新鮮に感じられ、共感を覚える。なお、盆地東南部の古墳に関しては、白石氏の大王墓系列を補強したことになる。

伊達宗泰氏は歴史地理学の視点から、初瀬川と寺川の水支配地域を「おおやまと」古墳集団と総称し、磐余の二古墳の地域も、「初瀬川と寺川の複合扇状地地帯」として一帯的な環境のなかに含まれると性格づけた。

二つの系列

先の広瀬氏の考え方では、「傍系」の茶臼山・メスリ山古墳が、大和・柳本の大型古墳と併行して営まれたことになるが、文献史学の塚口義信《つかぐちよしのぶ》氏の考えがこれに近い。つまり、磐余の地域に天皇陵造営の伝承がないことから、「政権内最高の廷臣」として活躍し、阿倍氏の祖先との伝承のあるオホビコとタケヌナカハワケを、二古墳の被葬者の候補としてあげている。

③の考え方を早くに示したのは石野博信《いしのひろのぶ》氏であり、磐余の二基を含めたうえで、大型古墳の系列が一系列でない可能性を指摘した。つまり、封土中の土器と特殊埴輪などから、箸墓につづく西殿塚・茶臼山古墳と、つぎの渋谷向山・メスリ山古墳が二時期つづいて二基の古墳が併行すると想定し、その後に行燈山古墳を位置づけた。なお、このような古墳の併行関係は、「土器にあらわれない年代差」を考えて、連続していた可能性もあるが、実際に併行していたのであれば、それぞれの古墳の被葬者が大王の機能を分担していた可能性があり、それが二代つづいておこなわれたのは初期の王権の性格を考えるうえで興味深いとした。

この考え方から連想できるのは、司祭者的な性格の王と、政治的・軍事的な性格の王との分担だろうか。石野氏の示した可能性は、視点を変えて継承されている。

古墳の立面形に注目した豊岡卓之氏は、茶臼山・メスリ山古墳に共通する墳丘の段築の特徴を桜井茶臼山古墳類型とし、これは渋谷向山古墳に受け継がれる。さらに、前方部と後円部の段築が連続しない特徴の西殿塚古墳類型は、西殿塚古墳から東殿塚古墳と行燈山古墳へとつづき、これらに先行する箸墓古墳に代表される箸中山古墳類型の集団が主導した後は、西殿塚類型と桜井茶臼山類型の二つの造営集団が中心になって、「おおやまと」の経営にあたったと考えた。つまり、大型古墳の変遷でいえば、箸墓古墳の後は、西殿塚—東殿塚—行燈山の系列と、桜井茶臼山—メスリ山—渋谷向山の系列が併行していたことになる。

これらの解釈に、今回とりあげた茶臼山・メスリ山古墳の性格を加味して考えると、つぎのようになる。

茶臼山古墳とメスリ山古墳は、同じ磐余地域を基盤とすること、柄鏡形の墳形を継続して採用し、墳丘の段構造など墳丘築造の設計原理を共有することからも、茶臼山古墳からメスリ山古墳への連続した流れを想定するのは、妥当だろう。ただし、墳丘上の施設では、茶臼山古墳の後円部頂の二重口縁壺列から、メスリ山古墳の後円部頂の埴輪列と墳丘全体をめぐる埴輪列のあいだには大きな飛躍があり、そのあいだに、埴輪列の成立と普通円筒埴輪の成立という要素が加わる。このうち、普通円筒埴輪は、大型古墳ではこのメスリ山古墳の段階に成立した可能性があるが、墳丘の埴輪列は西殿塚古墳で成立していた。

このように埴輪でみると、西殿塚古墳の築造に際して考案された墳丘の埴輪列と、特殊器台から円筒埴輪を創作しそれを量産する生産システムを身につけた埴輪製作の専門集団が、メスリ山古墳の築造に加わったとみられる。つまり、先の豊岡氏の指摘のように、箸墓古墳以降は、西殿塚類型と桜井茶臼山類型の二つの造営集団が、併行して古墳の築造を進めていたとみることに異論はないが、それぞれが、技術者の交流をはじめ相互に情報を共有していたことも間違いない。

磐余の役割

そうすると、磐余の二基の古墳を加えて大王墓の変遷をたどると、つぎのようになる。

まず、最初の都の纒向集落に隣接して箸墓古墳が築かれたあとは、北に離れた乙木・佐保庄集落に対応する西殿塚古墳が築造される。それと同時に、南の茶臼山古墳の築造が企画された

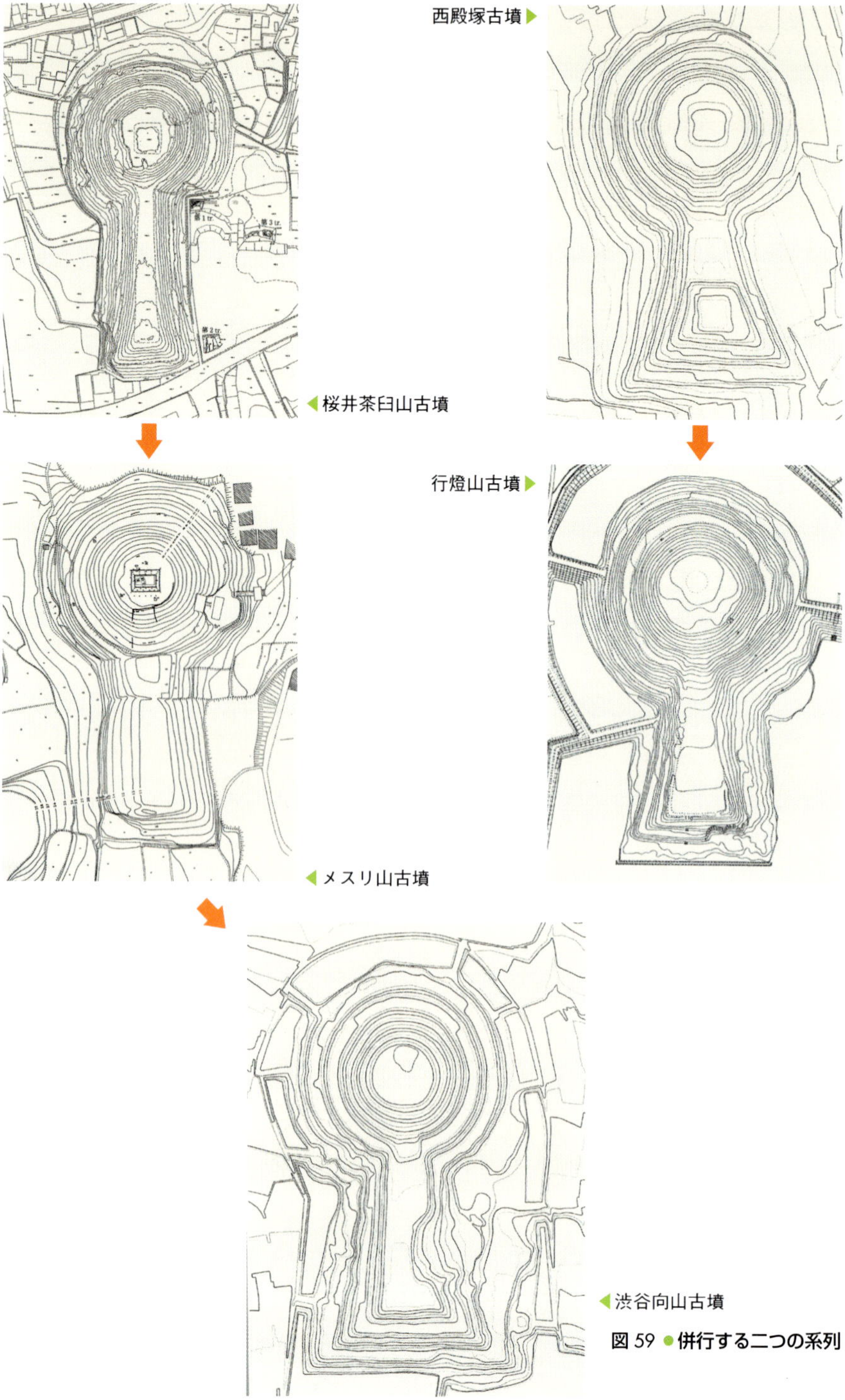

図 59 ● 併行する二つの系列

と考えられる。そこには王権の意思が反映されていて、茶臼山古墳の選地が王権の東国政策を象徴的にあらわしていることから、西殿塚古墳の被葬者とのあいだに、王権内の機能を分担していたと考えたほうがわかりやすい。

そして、それにつづくメスリ山古墳は、東へつながる交通路から大きく南に離れたところに築かれていて、この段階には、東国との関係が安定した状態を迎えたと考えられる。その墳丘に立てられた埴輪の巨大さとともに、副室に納められた豊富な武器の果たした役割を、鉄製弓矢が象徴的に示していると読みとることができる。

それと同じ頃に柳本古墳群の行燈山古墳が築造され、つぎにつづく渋谷向山古墳の段階で、西殿塚—行燈山と茶臼山—メスリ山と二代つづいた二つの系列が統合される（図59）。つまり、このような系列の分離は、磐余の役割の必要性から生じたものであり、それが統合されたということは、王権の安定期を迎えたわけであり、そのことが前期最大の三〇〇メートルとなる渋谷向山古墳の墳丘規模にあらわれている。

宇陀が「中央政権の傘下に編入された」と、楠元氏が評価するのもこの頃のことであり、そのような流れのなかで、対東国政策の最前線としての磐余の役割も、終えたと考えられる。

それから間もなく、大王墓の墓域の盆地北部への移動を控え、新たな局面を迎えることになる。

主な参考文献

〔論文〕

天野末喜　一九九三「大王墳の移動は何を物語るのか」『新視点 日本の歴史』二 古代編Ⅰ

石野博信　一九七六「大和平野東南部における前期古墳群の成立過程と構成」『横田健一先生還暦記念日本史論叢』

楠元哲夫　一九八六「宇陀、その古墳時代前半期における二、三の問題」『北原古墳』大宇陀町文化財調査報告書一

白石太一郎　一九八九「畿内の大型古墳群の消長とその意味」『古代を考える 古墳』吉川弘文館

清喜裕二　二〇〇五「桜井茶臼山古墳出土の石製品」『桜井茶臼山古墳の研究』

伊達宗泰　一九九九『「おおやまと」の古墳集団』学生社

千賀　久　一九八三「鳥見山周辺の遺跡」『日本の古代遺跡五 奈良中部』保育社

塚口義信　一九九七「桜井茶臼山古墳・メスリ山古墳の被葬者について」『日本書紀研究』二一

豊岡卓之　二〇〇〇「土器・埴輪と「おおやまと」の古墳」『古代「おおやまと」を探る』学生社

豊島直博　二〇〇八『古墳時代前期の鉄製刀剣』二〇〇五〜二〇〇七年度科学研究費補助金研究成果報告書

広瀬和雄　一九八七—八八「大王墓の系譜とその特質」『考古学研究』三四—三・四

和田　萃　一九七三「磐余地方の歴史的研究」『磐余・池ノ内古墳群』

〔報告〕

中村春寿・上田宏範　一九六一『桜井茶臼山古墳 附櫛山古墳』奈良県史跡名勝天然記念物調査報告一九

白石太一郎　一九七三「桜井市茶臼山古墳東隣接地の調査」『遺跡調査室だより』三 奈良県教育委員会遺跡調査室

豊岡卓之ほか　二〇〇四『桜井茶臼山古墳範囲確認調査報告』奈良県立橿原考古学研究所

岸本直文ほか　二〇〇五『桜井茶臼山古墳の研究』大阪市立大学考古学研究報告第二冊

伊達宗泰・小島俊次ほか　一九七七『メスリ山古墳』奈良県史跡名勝天然記念物調査報告三五

清水眞一ほか　一九八九『奈良県桜井市阿部丘陵遺跡群』桜井市教育委員会

久野邦雄・泉森　皎・菅谷文則　一九七三『磐余・池ノ内古墳群』奈良県史跡名勝天然記念物調査報告二八

橋本輝彦・木場佳子　二〇〇三「赤尾熊ヶ谷古墳群」『大和を掘る』二一 奈良県立橿原考古学研究所附属博物館

清水眞一ほか　一九九一『桜井市城島遺跡外山下田地区発掘調査報告書』桜井市教育委員会

本書は、奈良県立橿原考古学研究所附属博物館の二〇〇五年秋季特別展図録『巨大埴輪とイワレの王墓—桜井茶臼山・メスリ山古墳の全容—』（千賀久編）をもとに、新たに執筆したものである。

桜井茶臼山古墳　史跡

・奈良県桜井市大字外山字外山谷五二二ほか
・交通　近鉄京都駅から京都線、八木駅で乗り換え、大阪線で桜井駅下車。または、JR京都駅から奈良線、奈良駅で乗り換え、桜井線で桜井駅下車。駅から東へ徒歩15分。
　大阪からは、近鉄上本町駅から大阪線で桜井駅下車。

メスリ山古墳　史跡

・奈良県桜井市大字高田字メスリ一〇〇ほか
・近鉄・JR桜井駅から南へ徒歩30分。
　桜井茶臼山古墳、メスリ山古墳とともに出土遺物は、奈良県立橿原考古学研究所附属博物館の常設展に展示されており、開館中はいつでも見学できる。

奈良県立橿原考古学研究所附属博物館

・奈良県橿原市畝傍町五〇―二
・電話0744（24）1185
・開館時間9：00～17：00（入館は16：30まで）
・休館日　月曜日（月曜日が休日の場合は火曜日に休館）、年末年始
＊年に数日臨時休館日があるので、注意。
・入館料　大人：400円、学生：300円、小・中学生：200円（特別展の場合は別に設定）
・交通　近鉄橿原線畝傍御陵前駅下車、徒歩5分
近鉄南大阪線橿原神宮前駅下車、徒歩15分
　奈良県立橿原考古学研究所がおこなった発掘調査の資料が展示され、旧石器時代から室町時代までの奈良県の歴史を出土遺物を見ながらたどってゆける。

メスリ山古墳出土の埴輪

刊行にあたって

「遺跡には感動がある」。これが本企画のキーワードです。

あらためていうまでもなく、専門の研究者にとっては遺跡の発掘こそ考古学の基礎をなす基本的な手段です。また、はじめて考古学を学ぶ若い学生や一般の人びとにとって「遺跡は教室」です。

日本考古学では、もうかなり長期間にわたって、発掘・発見ブームが続いています。そして、毎年厖大な数の発掘調査報告書が、主として開発のための事前発掘を担当する埋蔵文化財行政機関や地方自治体などによって刊行されています。そこには専門研究者でさえ完全には把握できないほどの情報や記録が満ちあふれています。しかし、その遺跡の発掘によってどんな学問的成果が得られたのか、その遺跡やそこから出た文化財が古い時代の歴史を知るためにいかなる意義をもつのかなどといった点を、莫大な記述・記録の中から読みとることははなはだ困難です。ましてや、考古学に関心をもつ一般の社会人にとっては、刊行部数が少なく、数があっても高価なその報告書を手にすることすら、ほとんど困難といってよい状況です。

いま日本考古学は過多ともいえる資料と情報量の中で、考古学とはどんな学問か、また遺跡の発掘から何を求め、何を明らかにすべきかといった「哲学」と「指針」が必要な時期にいたっていると認識します。

本企画は「遺跡には感動がある」をキーワードとして、発掘の原点から考古学の本質を問い続ける試みとして、日本考古学が存続する限り、永く継続すべき企画と決意しています。いまや、考古学にすべての人びとの感動を引きつけることが、日本考古学の存立基盤を固めるために、欠かせない努力目標の一つです。必ずや研究者のみならず、多くの市民の共感をいただけるものと信じて疑いません。

監　修　戸沢　充則

編集委員　勅使河原彰　小野　昭　小野　正敏　石川日出志　小澤　毅　佐々木憲一

著者紹介

千賀　久（ちが・ひさし）

1950年大阪府生まれ。同志社大学文学部卒業。奈良県立橿原考古学研究所附属博物館主幹を経て現在、葛城市歴史博物館館長、帝塚山大学非常勤講師。

主な著作　『日本の古代遺跡　奈良中部』（共著）保育社、『はにわの動物園』保育社、『考古資料大観』7 鉄・金銅製品（共編著）小学館、『列島の考古学・古墳時代』（共著）河出書房新社、「日本出土初期馬具の系譜１・２」『橿原考古学研究所論集』9・12　吉川弘文館、「日本出土「新羅系」馬装具の系譜」『東アジアと日本の考古学』3　同成社など。

写真提供

奈良県立橿原考古学研究所附属博物館：図1～3・6・8・11・13（撮影：阿南辰秀）・14～19・21・25・28～34・36～43・46～49・52・53・55・56、桜井市教育委員会：図4・44・50・54、脇田宗孝：図27

図版出典

図5・26・29・51：奈良県立橿原考古学研究所附属博物館『巨大埴輪とイワレの王墓』、図7：奈良県立橿原考古学研究所『桜井茶臼山古墳範囲確認調査報告』、図9・10・12：『桜井茶臼山古墳 附櫛山古墳』奈良県史跡名勝天然記念物調査報告19、図17：『乙木・佐保庄遺跡』奈良県立橿原考古学研究所報告92、図20・22～24・29・35：『メスリ山古墳』奈良県史跡名勝天然記念物調査報告35、図45・58：奈良県立橿原考古学研究所附属博物館『オオヤマトの古墳と王権』（作図：豊岡卓之）、図56：奈良県立橿原考古学研究所附属博物館『大和と東国』、図57：桜井市教育委員会『桜井市城島遺跡外山下田地区発掘調査報告書』、図59：『オオヤマトの古墳と王権』・『巨大埴輪とイワレの王墓』・奈良県立橿原考古学研究所編『大和前方後円墳集成』

シリーズ「遺跡を学ぶ」049

ヤマトの王墓・桜井茶臼山古墳・メスリ山古墳

2008年8月20日　第1版第1刷発行
2012年4月15日　第1版第2刷発行

著　者＝千賀　久

発行者＝株式会社 新 泉 社
東京都文京区本郷2-5-12
振替・00170-4-160936番　TEL03(3815)1662／FAX03(3815)1422
印刷／萩原印刷　製本／榎本製本

ISBN978-4-7877-0839-7　C1021